完全なブラジルの魚とシーフードのクックブック

おいしいレシピ100選

オスカー ホール

全著作権所有。
免責事項

含まれる情報は、このeBookの著者が調査した戦略の包括的なコレクションとして機能することを目的としています。要約、戦略、ヒント、コツは著者による推奨事項にすぎず、このeBookを読んでも、結果が著者の結果を正確に反映することを保証するものではありません。電子ブックの作成者は、電子ブックの読者に最新かつ正確な情報を提供するためにあらゆる合理的な努力を払っています。著者およびその関係者は、発見される可能性のある意図しないエラーまたは脱落に対して責任を負いません。電子書籍の資料には、第三者による情報が含まれる場合があります。第三者の資料は、その所有者によって表明された意見で構成されています。そのため、eBookの作成者は、第三者の資料や意見に対して責任を負わないものとします。

eBookの著作権は©2022にあり、無断複写・転載を禁じます。この電子ブックの全体または一部を再配布、コピー、または派生物を作成することは違法です。このレポートのいかなる部分も、著者から明示および署名された書面による許可なしに、いかなる形式でも複製または再送信することはできません。

はじめに 8

シーバス 10

1. 焼きスズキ ブラジリアン風 10
2. スズキのソース焼き 12
3. ひよこ豆とミントのシーバス 14
4. ハタのタンドリーソース添え 16
5. コーンハスクのバスのグリル 18
6. ガマの芽と縞模様のバス 20
7. シマバスのエビソース添え 22

COD 24

8. ブラジル産タラのケーキ 24
9. ブラジルのソルトタラ 26
10. 黒鱈のオレンジシャーベット添え 28
11. タラのプッタネスカソース和え 30
12. ヒューゴの朝食フィッシュケーキ 32
13. ブラジルの漁師のシチュー 34

イワシとサバ 36

14. 焼きいわし煮込み 36
15. イワシの詰め物 38
16. デビルドサバ 40

ムール貝とあさり 42

17. ブラジル風ムール貝 42
18. ブラジルのシーフードキャセロール 44
19. ブラジル産あさり焼き 46
20. ブラジルあさりのシチュー 48
21. ブラジル産あさりの蒸し物 50
22. ムール貝のクリームスープ サフラン添え 52
23. レイザークラム ア ラ プランチャ 54
24. 冷やし貝のクリームアイオリ添え 56
25. 大西洋の蒸しソフトシェル 58

シュリンプ＆エビ 60

26. ブラジル風スパイシーシュリンプ 60
27. 海鮮天ぷら 62
28. 海老餃子と麺のスープ 64
29. ブラジルのシーフードシチュー 66

サーモン 68

30. サーモンビナオルキ 68
31. サーモンとポルチーニのケバブ 70
32. 天然キングサーモンのグリル 72
33. メープルシロップサーモンステーキ 74
34. サーモンとコーンのチャウダー 76
35. ディルキュアサーモン 78
36. 新鮮なアトランティック サーモンのソテー 80
37. サーモンのグリル パンチェッタ添え 82
38. サーモン入りスパイシーココナッツスープ 84
39. コロンビア川チヌーク 86

セビチェ 88

40. アボカドとホタテのセビーチェ 88
41. ホタテのセビーチェ 90
42. セビーチェソレロ 92
43. マンゴーツナのセビーチェ 94
44. ホタテのセビーチェ 96
45. まぐろのカルパッチョ 夏のセビーチェ 98
46. わさびセビーチェ鯛サラダ 100
47. ユカタン風セビーチェ 102
48. アンコウのセビーチェ アボカド添え 104

イカとタコ 106

49. イカフライ 106
50. タコのスパイスサラダ パセリ添え 108

TUNA 110

51. スモークマグロのポン酢和え 110
52. ツナケバブ 112
53. ツナステーキとブラッドオレンジ 114

54. 焼きツナバーガー 116
55. まぐろのカルパッチョ WITH ミント 118
56. マグロのマリネ パッションフルーツ添え 120

オイスター 122

57. カキのソースミニョネット添え 122
58. 生姜入りオイスタースープ 124
59. オイスターシチュー 126
60. 牡蠣とシャンパーニュ サバヨン 128

ロブスター、ホタテ、カニ 130

61. ロブスターとトマトのビスク 130
62. カニとコーンのスープ 132
63. ROCKET134 のカニ
64. クモガニのフェンネル入りスープ 136
65. カニのレタスカレー 138
66. デリ クラブ サンドイッチ 140
67. ホタテのフライ、ブラジル風 142

FISH 144

68. ブラジリアンソーセージの詰め物 UHU 144
69. ブラジル産唯一のヒレ肉の炙り焼き 146
70. フィッシュストック 148
71. 伝統的な魚のスープ ルイユ添え 150
72. メカジキのブラジル風ソース 152
73. コラードグリーンに包まれたナマズ 154
74. マンボウ ディジョン 156
75. バタフライトラウトのグリル 158
76. スチールヘッド トラウトの赤ワインソース和え 160
77. スモークトラウトのマスタードソース添え 163
78. スズキのブラッドオレンジ焼き 165
79. スケトウダラのグリル ぶどう添え 167
80. スケトウダラハッシュブラウン 169
81. アンコウのピーナッツ マリネ和え 171
82. アンコウ-柿のポケット 173
83. 海鮮焼きコーボ 175

84. オヒョウのココナッツミルク焼き 177..............................
85. レモンシャーベット－釉マヒマヒ 179..............................
86. ティラピアと喫茶店の詰め物 181..............................
87. ポンパノのカレー焼き 183..............................
88. 青魚のトマトとバジル添え 185..............................
89. モレルのグリルシャッド 187..............................
90. スモーク明太子 189..............................
91. スモークシャッド WITH ガスパチョ 191..............................
92. ティーリーフースモークレッドスナッパー 193..............................
93. ブリのフェンネル燻製 195..............................
94. スモーク・クローカー 197..............................
95. サフランとサルタナとスケートする 199..............................
96. ジョン・ドリー・チャウダー 201..............................
97. レモンソールのグージョン 203..............................
98. ハドックのエッグベネディクト 205..............................
99. 生姜のかまぼこ 207..............................
100. オヒョウの切り身の皮のロースト 209..............................

結論 211..............................

前書き

ブラジル料理は、ポルトガル、アフリカ、ネイティブアメリカン、スペイン、フランス、イタリア、日本、ドイツの影響から発展しました。それは地域によって大きく異なり、その国の先住民と移民の人口の混合、および大陸の大きさも反映しています。これにより、地域の違いが保存されていることを特徴とする郷土料理が生まれました。ブラジルは南アメリカとラテンアメリカ地域の両方で最大の国です。地理的面積と人口の両方で世界第5位の国であり、人口は2億200万人を超えます。

常に海と強いつながりを持っていたポルトガルと強い関係があります。ブラジルがシーフードや魚をその伝統的な料理にこれほどまでに取り入れていることは驚くべきことではありません。ブラジルのこのカテゴリで際立っている料理の1つは、魚のシチューの総称であるモケカです。これは、今日では非常に多くの異なる料理に進化しています。この地域の各海岸線で自然に発生する魚種。

ブラジルはビーフ、バーベキュー、ゆっくりと調理されたシチューで最もよく知られているかもしれませんが、それでも国には5,000マイルを超える海岸線と、生産的な海洋および淡水漁場へのアクセスを提供する広大なアマゾン川システムがあります。その結果、真鯛、タラ、スヌークなどの魚が国民食に豊富に含まれています。ただし、すべてのブラジル料理と同様に、国の広大な地域全体でかなりのバリエーションがあります。

シーバス

1. 焼きスズキ ブラジリアン風

収量: 1食分

成分

- 3ポンドのスズキの切り身、厚さ1インチ
- 塩 小さじ1
- 小麦粉 大さじ2
- 中2個 玉ねぎのみじん切り
- ¼カップ オリーブオイル
- ⅓カップ 白ワインビネガー
- にんにく3かけ
- みじん切り
- イエローマスタード 小さじ1
- 乾燥パセリ 大さじ2

- フレッシュレモン汁 大さじ1
- $\frac{1}{4}$ カップ辛口白ワイン
- コリアンダー小さじ $\frac{1}{4}$

a) 魚に塩をふりかけます。小麦粉を軽くまぶす。浅い 8 x 12 インチのグラタン皿に魚を並べます。玉ねぎをオリーブオイルでフライパンでぐったりするまで炒めます。魚の上に置きます。ワインビネガー、ニンニク、オレガノ、マスタード、パセリ、コリアンダー、レモン汁を混ぜ合わせます。よく混ぜて魚の上に注ぎます。.

b) 魚にワインを注ぐ。350 オーブンで約 45 分間、覆いをせずに焼きます。ポロックまたはオヒョウを使用できます。

2. スズキのソース焼き

収量: 4人前

成分

- スズキ丸ごと4匹
- オリーブオイル大さじ4; 分割された
- エッセンス
- 玉ねぎのみじん切り ½カップ
- 皮をむいた1カップ・ローマトマの種、みじん切り
- ⅓カップピットブラックオリーブ
- 新鮮なそら豆1カップ; 湯通しした、皮をむいた
- にんにくのみじん切り 大さじ1
- アンチョビのみじん切り 小さじ2

- 細かく刻んだ新鮮なパセリ 大さじ 1
- 刻んだフレッシュバジル 大さじ 1
- フレッシュタイムのみじん切り 大さじ 1
- 新鮮なオレガノのみじん切り 大さじ 1
- 白ワイン $\frac{1}{2}$ カップ
- 1 スティックバター; 大さじに切る
- 1 塩; 味わう
- 挽きたての黒コショウ 1 個; 味わう
- 細かく刻んだパセリ 大さじ 2

a) グリルを予熱します。鋭利なナイフを使用して、各魚に斜めに 3 つの切り込みを入れます。各魚を大さじ 2 杯のオリーブオイルでこすり、Emeril's Essence で味付けします. 魚を熱いグリルの上に置き、各魚の重量に応じて、各面を 4 ~ 5 分間グリルします。ソテーパンで、残りのオリーブオイルを加熱します。油が熱くなったら、玉ねぎを 1 分間炒めます。トマト、ブラックオリーブ、そら豆を加えます。塩こしょうで味を調えます。2 分間ソテーします。

b) にんにく、アンチョビ、新鮮なハーブ、白ワインを入れてかき混ぜます。液体を沸騰させ、弱火にします。2 分間煮る。

c) 一度に大さじ 1 杯のバターを入れます。

3. シーバスのひよこ豆とミント添え

- 12インチ四方の丈夫なアルミホイル2枚
- オリーブオイル 大さじ1
- 2ポンドのスズキの切り身
- ミントの葉1カップ、洗ってヘタを取る
- 中くらいのトマト1個、厚切り
- 薄くスライスした甘い白玉ねぎ1個
- 調理したひよこ豆 $\frac{1}{2}$ カップ
- 小さじ1杯の挽いたクミン
- コリアンダー 小さじ $\frac{1}{2}$
- 小さじ $\frac{1}{4}$ のカイエンペッパー
- 小さじ 1/4 の挽いたシナモン
- 塩と挽きたての黒胡椒

a) グリルを予熱します。

b) ホイルを一枚敷き、油を塗り、バスのフィレを上に置きます。ミントの葉、トマト、タマネギ、ひよこ豆、クミン、コリアンダー、カイエン、シナモン、塩、コショウをフィレに重ねます。

c) 層の周りにホイルを巻き、上部で一緒に圧着します。2番目のホイルを最初のホイルに巻き付けますが、下部で一緒に圧着します。これにより、ベースと他の成分が蒸すことができる安全なパケットが形成されます．

d) パケットをグリルに置き、6～8分間調理します。ひっくり返して、さらに4～5分、または魚が手触りが固くなるまで調理します。

e) パケットを火から下ろし、ホイルを開いてサーブします。

4. ハタのタンドリーソース添え

- プレーンヨーグルト 1 カップ
- 生姜の粗みじん切り 1/4 カップ
- ネギ 4 ～ 5 個、皮をむいて粗く切る (青菜 1/2 インチを除くすべてを含む)
- にんにく 6～8 片 (皮をむく)
- タンドリーパウダー 大さじ 2
- レモン汁 1/2 個分 (大さじ 1½ 程度)
- 海塩 小さじ ½
- 12 インチ×18 インチの頑丈なアルミホイル 4 枚。
- ハタの切り身 2 ポンド (4 等分)

a) グリルを予熱します。

b) ヨーグルト、ショウガ、ねぎ、にんにく、タンドリー パウダー、レモン汁、塩をフード プロセッサーのボウルで 1 分間混ぜます。側面をこすり落とし、30 秒間、または混ざるまでピューレにします。脇に置きます。

c) ゴムべらでプロセッサーのボウルからソースを取り除き、切り身の両面をよくこすります。フィレをホイルの上に置き、残ったソースをスプーンで上に置き、アルミニウムの上に折り、しっかりと圧着してしっかりとシールを形成します．

d) パウチをグリルに置き、5 分間調理します。ひっくり返してさらに 5 分間、またはフィレがしっかりするまで調理します。

e) 熱からポーチを取り出し、ゲストが開いて蒸し暑い夕食を発見できるようにします．

5. バスのコーンハスク焼き

- 新鮮なとうもろこし **2** 本
- **2** ポンドのコクチバスの切り身、**4** つにカット
- 大さじ **4** の無塩バター、一口大に切る
- レモン汁 **1** 個分 (大さじ **3** くらい)
- 塩と挽きたての黒胡椒
- くさびレモン

a) グリルを予熱します。

b) とうもろこしの殻を慎重に剥がし、取っておきます。各コブからすべてのシルクを引き抜きます。

c) 穂軸を直立させ、鋭利なナイフで下向きにスライスし、とうもろこしを列に切り落とします。穂軸を捨て、切ったとうもろこしを脇に置きます。

d) 切り身ごとに2つまたは3つの殻を広げて平らに押します。葉の上にとうもろこしの層をまぶし、各「パケット」の上に、皮に直角にフィレを置きます。

e) 残りのトウモロコシでフィレを覆います。コーンにバターの塊を点在させます。

f) 各フィレにレモン汁を振りかけ、塩とコショウで味付けします。

g) 殻をパケットの上部全体で折り畳み（封筒の形にする）、爪楊枝で固定します。

h) グリルの上に約6分間置きます。スパチュラで慎重にひっくり返し、6分長く、または殻がわずかに焦げるまで調理します.

i) レモンのくさびを添えてすぐにお召し上がりください。

6. ガマの芽と縞模様のバス

- ガマの芽 8〜10 個、緑の上部を取り除く
- モレル 6〜8 個、きれいにしてトリミング
- ½ カップのオリーブオイルと大さじ 1
- 新鮮なタイム 1/2 カップ
- 小さじ 1/2 の塩
- 挽きたての黒コショウ小さじ 1
- 1.5 ポンドのシマスズキの切り身
- 塩と挽きたての黒胡椒
- バター 大さじ 2
- レモン 1 個分の果汁

a) グリルを予熱します。

b) ガマは外側の固い部分を取り除き、ネギのように斜めにスライスする。脇に置きます。

c) 小さじ1/2カップの油とタイム、塩、こしょうを小さなボウルで混ぜます。

d) しつけブラシまたはスプーンでバスのフィレをコーティングし、グリルに移します。

e) その間にフライパンにバターと残りの大さじ1の油を中火で熱します。マッシュルームが柔らかくなるまで、モレルを3〜4分間ソテーします。スライスしたガマの芽を加え、火を弱め、さらに2〜3分間調理します。熱を下げて保温してください。

f) バスを片面4〜5分焼きます

g) 4つに分けて温かいお皿に盛ります。モレルとガマをベースの横にスプーンで置きます。バスの上にレモン汁をまぶし、追加の塩とコショウで味付けします。すぐにサーブします。

7. シマスズキのエビソース添え

- 細かく刻んだ大きな甘い白タマネギ 1 個
- にんにく 3~4 片 (皮をむく)
- 細かく刻んだ生姜 小さじ 2
- チリパウダー 小さじ 1
- キャノーラ油 大さじ $2\frac{1}{2}$
- 1.5 ポンドのシマスズキの切り身
- さいの目に切った中型トマト 1 個
- エビのペースト 大さじ 1
- レモン汁 1/2 個分 (大さじ $1\frac{1}{2}$ 程度)
- 炊き込みご飯

a) 玉ねぎ、にんにく、しょうが、チリパウダーをフードプロセッサーのボウルに 5~6 回入れます。側面をこすり落とし、1~2 分間、または滑らかになるまでピューレにします。

b) 中程度のフライパンで油を中強火で加熱します。ピューレ状の材料を加えてかき混ぜ、火を弱め、ふたをして時々かき混ぜながら、とろみがつくまで約 15 分間調理します。

c) その間にグリルを予熱します。

d) 油を塗った網の上に切り身を並べ、3～4分焼きます。ひっくり返して、4～5分長く、または固くなるまで調理します。グリルの保温棚に移動。

e) トマトをフライパンに加え、3～4分加熱し、シュリンプペーストを入れて1分間かき混ぜます。

f) フィレを鍋に移し、その上にソースをスプーンでかけます。上からレモン汁をふりかけ、蓋をして1～2分蒸らし、火から下ろします。

g) 魚を4等分し、それぞれにソースをスプーンでかけ、すぐに白米を添えます。

h) サーブ4

代金引換

8. ブラジル産タラのケーキ

収量: 1食分

成分

- 10オンスのソルトタラ; 厚切り
- 8オンスのフラウリーポテト
- バター
- 牛乳
- パセリ 大さじ3 (山盛り)
- 大さじ1 (山盛り) のミント; みじん切り
- 挽きたての黒コショウ
- 卵3個; 別れた
- ポート 大さじ1
- 揚げ物用油

a) たらの水気を切り、冷たい流水でよくすすぐ。

b) 鍋に真水を入れ、沸騰させ、20分間、またはタラが柔らかくなるまで煮ます。タラを煮ている間にじゃがいもの皮をむき、皮をむき、バターと牛乳でつぶす。たらは水気をよく切り、皮と骨を取り除く。

c) 鱈を数本のフォークで細切りにする。クリームポテト、パセリ、ミント、コショウ、卵黄、ポートを加えます。よく混ぜます。卵白を固くなるまで泡立ててから、タラの混合物に混ぜます。小さな卵くらいの大きさの混合物の塊を取り、手で成形して魚雷の形を作ります．

d) 375度の油できつね色になるまで揚げます。ペーパータオルで水気を切り、熱いうちにお召し上がりください。

9．ブラジルの塩タラ

収量: 4人前

成分

- 1.5 ポンド～2 ポンドの水に浸した干しタラ
- スライスした玉ねぎ2個
- バター 大さじ6
- にんにく1片(みじん切り)
- じゃがいも 大3個
- パン粉 大さじ2
- 種抜きグリーンオリーブ10個
- ブラックオリーブ10個
- 固ゆで卵4個
- 生パセリのみじん切り ½ カップ
- ワイン酢
- オリーブオイル

- 挽きたての黒胡椒

a) タラを鍋に入れ、かぶるくらいの冷水を加えます。沸騰させる。

b) フォークで肉を大きくほぐします。玉ねぎを大さじ3杯のバターで、柔らかく黄金色になるまで炒めます。にんにくを加える。皮をむいたジャガイモを塩水で茹でる。柔らかくなったら（約20分）火からおろし、流水にさらして皮をむく。水気を切り、1/4インチの小片にスライスします。

c) オーブンを華氏350度に予熱します。残りの大さじ3杯のバターを1.5クォートのキャセロールに塗ります。ジャガイモの半分、タラの半分、タマネギの半分の層を並べます。コショウを少しふりかけ、重ね塗りを繰り返します。上層にパン粉をまぶします。

d) 15分間、または完全に加熱されて軽く焦げ目がつくまで焼きます。

10. 黒タラのオレンジシャーベット添え

- オレンジシャーベット 1½ カップ
- 細かく刻んだフレッシュミント 1/2 カップ
- オレンジ1個分(約1/2カップ)とゼスト(大さじ約2杯)のジュース
- 黒タラの切り身 1½ ポンド

a) グリルを予熱します。

b) 中強火で 4 クォートの鍋にシャーベットを溶かします。

c) ミント、オレンジジュース、皮の半分を加えます。中火に弱火にし、ふたをせずに 7〜8 分、または 3 分の 1 になるまで加熱します。冷やすために取っておきます。

d) フィレを浅い容器に入れ、スプーンでソースをかけます。回してしっかり塗ります。30 分間冷蔵します。

e) マリネからフィレを取り出し、グリルに移します。4 分間調理します。裏返して、追加のマリネを上に塗ります。4 分長く、または突き刺したときに魚が少し柔らかくなるまで調理します．

f) 4 等分し、残りのオレンジの皮を添えて出来上がり。

サーブ 4

11. タラのプッタネスカソース添え

- 頑丈なアルミホイル2枚、各12インチの正方形
- 2ポンドのタラの切り身
- オリーブオイル 大さじ1
- ニラ2本、青い茎を切り落とし、薄切りにする
- さいの目に切った中型トマト1個
- $\frac{1}{4}$カップのシャンパン（または辛口の白ワイン）
- カラマタ オリーブ8〜10個、種を取り、スライスする
- みじん切りにしたにんにく3〜4片
- ケッパー 大さじ2
- 小さじ1杯の新鮮なオレガノ
- バルサミコ酢 小さじ1

- 挽きたての黒コショウ小さじ1
- 塩

a) グリルを予熱します。

b) タラをホイルの上に置き、油を刷毛で塗り、ネギ、トマト、シャンパン、オリーブ、ニンニク、ケイパー、オレガノ、酢、コショウ、塩をその上に重ねます。

c) ホイル全体をしっかりと圧着します。パケットの周りに2枚目のホイルを巻き、反対側を圧着します。パケットが安全であることを確認してください。グリルの上に直接並べて火にかけます。8～10分間調理します。裏返して3～4分長く調理します。袋を開けて、包丁の先を切り身に差し込む。固くなったら完成です。

d) 火からおろし、蓋を開けて、皿を大皿に移します。

2～4人分

12. ヒューゴの朝食フィッシュケーキ

4人前

- 400g (14オンス) 粉状の主要作物のじゃがいも、調理済み
- タラの切り身 300g
- 全脂肪乳 225ml
- 皮をむいたレモンの皮 1切れ
- ローリエ 1枚
- バター 40g
- オリーブオイル小さじ2
- 細かく刻んだ小玉ねぎ 1個
- 一握りのパセリ
- フレッシュレモン汁 小さじ1
- 薄力粉 25g
- 溶き卵(大) 1個
- 100g (4oz) 新鮮な白いパン粉

a) 魚、牛乳、レモンの皮、月桂樹の葉、黒胡椒を鍋に入れます。ふたをして沸騰させ、4 分間または魚に火が通るまで煮る。

b) 中型のフライパンにバター 15g を溶かし、小さじ 1 杯のオリーブオイルと玉ねぎを加え、柔らかく半透明になるが茶色にならないまで 6～7 分間ゆっくりと調理します．マッシュポテトを加えて温めます。次に、魚、パセリ、レモン汁、大さじ 2 杯のポーチドミルクを加えてよく混ぜます。

c) 浅い皿に卵を、別の皿にパン粉を入れる。少し濡らした手で小麦粉を混ぜ、厚さ約 1cm のさつま揚げを 8 個作る。溶き卵、パン粉の順につけて天板にのせ、冷蔵庫で 1 時間（できれば一晩）冷やす。

d) 残りのバターと最後の小さじ 1 杯の油を焦げ付き防止のフライパンでバターが溶けるまで加熱し、さつま揚げを加えて両面を約 5 分間、両面をきつね色になるまでゆっくりと炒めます。

13. ブラジルの漁師のシチュー

収量: 6人分

成分

- スライスした玉ねぎ 3個
- にんにく 小さじ ½
- マーガリン 大さじ 2
- 16 オンスの白豆、水気を切った
- 2 クォートの水
- 月桂樹の葉 2枚
- 16 オンスのチキンストック
- トマトの煮込み 16 オンス

- タイム 小さじ $1\frac{1}{2}$
- 1 ポンドの白身魚
- レモン汁 $\frac{1}{4}$ カップ
- 水 1/2 カップ

a) 大きなスープ鍋で、玉ねぎが透明になるまで、玉ねぎとにんにくをマーガリンで約 5 分間調理します。豆、2 クォートの水、ローリエ、チキンストック、トマト、タイムを加える．沸騰させます。火を弱め、30 分煮る。

b) 別のフライパンで、魚をレモン汁と 1/2 カップの水でフォークで簡単にフレーク状になるまで 5 ~ 10 分煮ます。

c) レモン水を排出します。魚をシチューに加え、サービングする前に完全に加熱します。

イワシとサバ

14. 焼きいわし煮込み

収量: 4人前

成分

- オリーブオイル 大さじ4
- 玉ねぎのみじん切り1カップ
- 月桂樹の葉2枚
- 1塩; 味わう
- 挽きたての黒コショウ1個; 味わう
- ½ポンドのチョリソーソーセージ; 1/4の厚さにスライス
- にんにく12片; 皮をむいた、湯通しした
- 皮をむいた1カップ。種を取り、みじん切りにした新鮮なトム
- 1/2ポンドの新じゃがいも; 四分の一

- 新鮮なタイムの葉のみじん切り 小さじ2
- みじん切りにしたフレッシュバジル 小さじ2
- 小さじ2杯の新鮮なパセリの葉のみじん切り
- 1クォートのチキンストック
- 生いわし16尾
- 木製串16本。水に浸した

a) 大きな鍋で、中強火で大さじ2杯の油を熱します。油が熱くなったら玉ねぎを入れる。手で月桂樹の葉を玉ねぎの上でつぶします。塩こしょうで味を調えます。

b) 8分間ソテーします。ソーセージを加え、2分間調理を続けます。にんにくとトマトを加えます。塩こしょうで味を調えます。2分間ソテーします。じゃがいもとハーブをかき混ぜます。

c) チキンストックを加え、液体を沸騰させます。残りのオリーブオイルでイワシを和えます。塩こしょうで味を調えます。1本の木串にいわしを4本ずつ串に刺します。串をグリルに置き、片面2分ずつ焼きます。

d) グリルから取り外します。提供するには、各浅いボウルの中央にシチューをひしゃくします。シチューの上にイワシの串を1本置いてサーブします。

15. イワシの詰め物

- 大イワシ 14 尾 (または小イワシ 20 尾)
- 新鮮な月桂樹の葉 14～20 枚
- オレンジ 1 個、縦半分に切り、スライスする
- 詰め物のために
- スグリ 50g
- エキストラバージンオリーブオイル 大さじ 4
- 玉ねぎ 1 個、みじん切り
- 細かく刻んだにんにく 4 片
- 砕いた乾燥唐辛子 ひとつまみ
- 75g (3 オンス) 新鮮な白いパン粉
- みじん切りにした平葉パセリ 大さじ 2
- アンチョビの切り身 15g (1/2 オンス) オリーブオイル漬け、水気を切る
- 大さじ 2 のケーパー (みじん切り)

- 半分の小さなオレンジの皮とオレンジ ジュース
- 細かくすりおろしたペコリーノチーズまたはパルメザンチーズ 25g (1 オンス)
- 軽くトーストした松の実 50g

a) 詰め物には、カラントを熱湯で覆い、10 分間置いてふっくらさせます．フライパンに油を熱し、玉ねぎ、にんにく、砕いた干し唐辛子を入れ、玉ねぎがしんなりするまで 6 ～ 7 分弱火で炒める。鍋を火から下ろし、パン粉、パセリ、アンチョビ、ケッパー、オレンジの皮とジュース、チーズと松の実を入れてかき混ぜます。スグリの水気をよく切ってかき混ぜ、塩こしょうで味を調えます。

b) 各イワシの頭の端に沿って約大さじ $1\frac{1}{2}$ の詰め物をスプーンで取り、尾に向かって巻き上げます．油を塗った浅いグラタン皿にしっかりと詰めます。

c) 魚に軽く塩、こしょうをふり、多めの油をまぶして 20 分焼く。室温で、またはアンティパストの盛り合わせの一部として冷やしてお召し上がりください。

16. デビルドサバ

4人前

- サバ 4 尾、きれいに整えて
- バター 40g
- グラニュー糖小さじ 1
- イングリッシュマスタードパウダー 小さじ 1
- カイエンペッパー小さじ 1
- パプリカ小さじ 1
- コリアンダー小さじ 1
- 赤ワインビネガー 大さじ 2
- 挽きたてのコショウ小さじ 1
- 塩小さじ 2
- ミントとトマトのサラダに
- 225g (8 オンス) ブドウの熟した小さなトマト、スライス
- 玉ねぎ 1 個 (半分に切り、非常に薄くスライス)

- 刻んだばかりのミント 大さじ1
- フレッシュレモン汁 大さじ1

a) 小さなロースト缶でバターを溶かします。火からおろし、砂糖、マスタード、スパイス、酢、コショウ、塩を入れてよく混ぜます。味付けしたバターにサバを加え、よく混ざるまで1、2回ひっくり返し、各魚の空洞にも広げます。それらを軽く油を塗った天板またはグリルパンのラックに移し、完全に火が通るまで片面4分間グリルします.

b) 一方、サラダは、スライスしたトマト、タマネギ、ミントを4皿に重ね、レモン汁と調味料をふりかけます。調理済みのサバを並べて提供し、必要に応じてフライド スライス ポテトを添えます。

ムール貝とあさり

17. ブラジル風ムール貝

収量: 3人前

成分

- ムール貝 1.5 キログラム
- 細かく刻んだエシャロット 4 個
- 1 にんにくのみじん切り
- オリーブオイル 大さじ 2
- バター 小さじ 3
- ⅔ カップ辛口白ワイン
- ⅓ コップに入った水
- 小さじ 3 細かく刻んだパセリ
- 2 新鮮なタイムの小枝または乾燥タイムのピンチ

- 月桂樹の葉 2 枚
- 小さじ ½
- 生クリーム 125 ミリリットル
- 余分なパセリのみじん切り
- レモン四分の一

a) ムール貝の殻にひびが入ったり壊れたりした場合は、廃棄してください。ムール貝が少し開いている場合は強く叩き、閉じない場合は廃棄します。

b) にんにくとエシャロットをオリーブオイルとバターで透明になるまで炒めます。ワイン、水、パセリ、タイム、月桂樹の葉、コショウ、ムール貝を加えます。上からクリームを注ぐ。

c) 鍋にふたをして沸騰させ、強火で約 4 分間、鍋を絶えず揺すりながら蒸します。ムール貝は加熱すると殻が開きます。

18. ブラジルのシーフードキャセロール

収量: 4人前

成分

- ½ カップ オリーブオイル
- 豚肉の角切り 250g
- 玉ねぎ 2 個・みじん切り
- 2 トマト; 皮をむいてみじん切り
- 2 スティック カバノッシ; スライスされた
- にんにく 2 片; 破砕されました
- 孫龍長粒米 3 カップ
- 水 2 カップ
- 白ワイン 1 カップ
- サフラン 小さじ ¼
- 小さじ 2 お湯
- 青海老 500g ピール＆ディベイン
- ムール貝 500 グラム; あごひげを取り除いた

- イカフード 2 枚。スライスされた
- 冷凍えんどう豆 1/2 カップ

a) 大きなフライパンに油の半分を熱します。豚肉、玉ねぎ、トマト、カバノッシ、にんにくを 3 分間炒めます。プレートに取り出します。

b) 残りの油を同じフライパンで熱する。孫龍長粒米を 1 分間炒めます。水、ワイン、合わせたサフランとお湯を入れてかき混ぜます。ふたをせずに 5 分間煮ます。

c) シーフードと豚肉の混合物を追加します。時々かき混ぜながら、ふたをして 5 分間煮ます。蓋をせずにさらに 5 分煮込みます。エンドウ豆をかき混ぜます。

d) さらに 5 分間、またはすべての液体が吸収されて米が柔らかくなるまで煮ます．

e) キャセロールにグリーン サラダと皮付きのパンを添えて。

19. ブラジル産あさり焼き

収量: 4人前

成分

- 赤いじゃがいも 4個
- ½ポンドのチョリソーソーセージ; スライスされた
- 朝食用ソーセージ 4本
- ホットドッグ 4個
- タマネギ 4個; 皮をむいた
- 2つの耳のスイートコーン。つぶれた、壊れた
- 月桂樹の葉 2枚
- 塩味
- 挽きたての黒コショウ; 味わう
- 砕いた赤唐辛子フレーク; 味わう
- 2クォートのスチーマー; (あさり)
- ねぎのみじん切り 大さじ 3

- パセリのみじん切り大さじ 3; 飾り用

a) 大きな鍋にじゃがいも、ソーセージ、ホットドッグ、玉ねぎ、とうもろこし、月桂樹の葉を入れます。約 3 クォートの冷水で覆い、塩、コショウ、砕いた赤唐辛子で味を調えます。

b) 沸騰したら火を弱め、20 分煮る。あさりを加えて蓋をし、口が開くまで約 15 分煮る。これは、テーブルのポットから直接提供できます。

20. ブラジル産あさりのシチュー

収量: 4人前

成分

- 新じゃが2カップ。4等分、調理済み
- オリーブオイル 大さじ1
- 1ポンドのチョリソーソーセージ; 約4リンク
- ⅔カップオニオン; みじん切り
- ¼カップのコリアンダー; みじん切り
- にんにく大さじ2; みじん切り
- エシャロット大さじ2; みじん切り
- 2カップ ポテト; ミディアムサイコロ
- 塩 小さじ2
- 小さじ½ 砕いた赤ピーマン
- 小さじ1 黒胡椒
- エビの出汁4カップ
- 48 アサリ・こすった

- イタリアのプラムトマト 1 カップ; 皮をむいた
- ねぎ ½ カップ; みじん切り
- エッセンス 小さじ 2
- ロースト ガーリック アイオリ ¾ カップ
- 12 切れ無愛想なパン
- パセリ大さじ 2; みじん切り

a) オーブンを華氏 375 度に予熱します。ソテーパンで、オリーブ オイルを加熱します。フライパンに火が通ったらチョリソーを入れる。ソーセージを 2～3 分焼きます。

b) 玉ねぎ、コリアンダー、にんにく、エシャロット、じゃがいも、塩、砕いた赤唐辛子、黒胡椒、エビのソースを加えます。沸騰させる。あさり、トマト、ネギ、エッセンスを加える。ソテーパンに蓋をして、あさりの口が開くまで強火で 5 分ほど煮る。暑さから削除。クルトンの場合: パンの各スライスに大さじ 1 杯のアイオリを広げます。

c) 2～3 分間、またはきつね色になるまで焼きます。シチューを浅いボウルに入れ、クルトンを添えます。刻んだパセリを飾る。

21. あさりのブラジル蒸し

収量: 2 人分

成分

- 2 オンスのゆでハム・みじん切り
- $\frac{1}{4}$ カップ 細かく刻んだエシャロット
- にんにく 2 片; みじん切り
- 小さじ $\frac{1}{2}$ 乾燥唐辛子フレーク
- オリーブオイル 大さじ 3
- 辛口白ワイン 1/2 カップ
- $\frac{1}{2}$ 赤ピーマン; みじん切り
- はまぐり 18 枚
- 大さじ 1 フレッシュレモンジュース; プラス
- 小さじ 2 杯のフレッシュレモンジュース・または味わうために

- ⅓カップ 細かく刻んだ新鮮なコリアンダーの葉

a) やかんにハム、エシャロット、にんにく、唐辛子フレークを油で弱火で3分ほど炒め、ワイン、ピーマン、あさりを加えて蓋をして蒸し焼きにする。5分間、またはあさりが開き始めるまで。

b) トングで開いたあさりを2つの熱したボウルに移し、蓋をして、開いていないあさりを蒸し続け、やかんを振って開いたあさりを移し替え、さらに最大10分間加熱します。

c) やかんを火からおろし、レモン汁とコリアンダーを煮汁に加えてかき混ぜ、あさりの上に注ぎます。

22. ムール貝のクリームスープ サフラン添え

4人前

- ムール貝 750g (1 ポンド 10 オンス) きれいに洗った
- 辛口白ワイン 大さじ 4
- バター 50g
- 225g (8oz) 皮をむいたセロリ、みじん切り
- ニラ 125g (4½ オンス) スライス
- にんにく 1 かけ (みじん切り)
- フィッシュストック 約 750ml
- サフランストランドの良いピンチ
- 完熟トマト 175g
- クレームフレッシュ 大さじ 4

a) ムール貝と大さじ 2 杯のワインを中型の鍋に入れます。強火にかけ、2〜3 分、またはムール貝が開くまで調理します。

b) きれいな鍋にバターを溶かし、セロリアック、ニラ、にんにく、残りのワインを加えます。ふたをして、5分間静かに調理します。

c) ムール貝のリキュールの最後の大さじ1〜2杯を除いて、すべて大きな計量ジャグに入れ、魚の出汁で最大900 mlを作ります。サフランとトマトと一緒に野菜の鍋に加え、蓋をして30分間静かに煮る．

d) スープを少し冷ましてから、滑らかになるまで混ぜます。最初にふるいにかけ、次にシノワにもう一度通し、きれいな鍋に入れ、沸騰させます。生クリームと調味料を加えて味を調えます。

e) 鍋を火から下ろし、ムール貝をかき混ぜて少し温めますが、すでにある以上に調理しないでください。

23. カミソリ ア ラ プランチャ

4人前

- 24 かみそり、洗った
- 上質なエクストラバージンオリーブオイル
- レモンウェッジ
- みじん切りにしたパセリの葉、海塩フレーク、挽きたての黒胡椒を添えて

a) 非常に熱くなるまで、大きな重いベースのフライパンまたは平らな鉄板を強火で加熱します。少量のオリーブオイルと、ヒンジ側を下にして1枚のアサリを追加します。

b) 開いたらすぐにひっくり返して、肉が鍋の底に触れるようにし、約1分間、軽く焼き色がつくまで焼きます。

c) あさりをひっくり返し、オリーブオイルを少し多めにかけ、温めてお皿に盛ります。レモンのくさ

びを1つか2つ添え、パセリのみじん切り、海塩、挽きたての黒コショウ、および鍋からのジュースを振りかけます。残りのあさりでこのプロセスを繰り返します。

24. クリーミーなアイオリソースを添えた冷やした貝

6人前

- 1.5kg (3lb 5oz) アサリ、ムール貝、ザルガイ、またはそれらの混合物
- 辛口白ワイン 150ml (1/4 パイント)
- 500g (1 ポンド) 北大西洋海老の殻付き調理済み、頭を取り除き、残りの殻は取り除いたもの
- アイオリ (下記参照)
- みじん切りにした平たい葉のパセリ 大さじ 3
- 焼きたてのフランスパンがたっぷり

a) 甲殻類をワインと一緒に大きな鍋に入れ、蓋をして強火で時々鍋を振って、2~3分、またはすべてが開くまで調理します。ボウルの上にセットさ

れたザルにそれらを傾けて、調理ジュースを集めます．

b) 大さじ 3 杯の調理液をアイオリと一緒に冷ましたフライパンに戻し、滑らかになるまで手早く泡立てます。甲殻類を海老とパセリ大さじ 2 でソースに戻します。よくかき混ぜて冷ましますが、冷やさないでください。

c) サーブするには、貝をスプーンで大きな楕円形の大皿または個々のプレートに置き、残りのパセリを散らします．焼きたてのフランスパンをたっぷり添えて。

d) アイオリを作るには、つぶしたにんにく 4 片と小さじ 1/2 の塩を滑らかなペーストにします。ボウルに卵黄 1 個分とレモン汁小さじ 2 を加えます。電動泡立て器でゆっくりと油を加えながら泡立てます。

25. 大西洋の蒸しソフトシェル

収量: 1食分

成分

- 殻付き小あさり 4 ダース
- 水 1 カップ
- シーフード調味料 大さじ 1
- コショウ 小さじ $\frac{1}{4}$
- マーガリン 大さじ 1

a) 調味料をふりかけます。しっかり蓋をして沸騰させ、火を弱めます。10 ~ 15 分、または殻が開く

まで調理します。あさりの水気を切り、液体をとっておく。

b) 液体を漉し、マーガリンを加える。

c) アサリの殻をむき、側面にスープをつけてサーブします。

シュリンプ&エビ

26. ブラジル風スパイシーシュリンプ

収量: 1食分

成分

- 2ポンドのジャンボシュリンプ、皮をむいて背わたを取り除く
- にんにくのみじん切り 大さじ1
- 大さじ1 細かく刻んだ新鮮なカイエンペッパー
- できればブラジル産のエキストラバージン オリーブ オイル ½ カップ
- ½ カップ エクストラバージン オリーブ オイル
- 赤唐辛子ソース お好みで

a) ガラスのグラタン皿にエビを入れ、ガーリック、チリ、オリーブオイルを添えます。蓋をしてマリネし、冷蔵庫で少なくとも 24 時間寝かせます。グリルまたはブロイラーを予熱し、エビを調理し、時々マリネでブラッシングしながら、片面 2～3 分．

b) 小さなボウルで、$\frac{1}{2}$ カップのオリーブオイルとレッドホットペッパーソースを混ぜ合わせて味を調えます．

c) アツアツの焼きエビをディップソースでお召し上がりください。

27. 海鮮天ぷら

8人前

- 250g (9oz) イカ (袋と触手)
- 生車海老 20 尾
- 250g (9oz) 皮付きレモンソールフィレ
- 揚げ物用ひまわり油たっぷり
- 天ぷら用
- 薄力粉 115g
- コーンフラワー 115g
- 新しいボトルの氷冷したソーダ水 300ml (1/4 パイント)
- 海塩
- 醤油と生姜のディップソース用
- 濃口醤油 90ml
- 皮をむいた新鮮な生姜の薄切り 2 枚を細かく刻む

- 非常に薄くスライスした薄いネギ 1/2 束
- スイートチリディップソース用
- スイートチリソース 150ml
- 薄口しょうゆ 大さじ 1
- 中華五香粉 小さじ 1/4
- 冷水 大さじ $1\frac{1}{2}$

a) 各ディップソースの材料を混ぜ合わせます。

b) 小麦粉の半分、コーンフラワーの半分、塩ひとつまみを大きなボウルにふるい入れ、残りの小麦粉とコーンフラワー、塩ひとつまみを別のボウルにふるいにかけます。

c) 混ぜた魚介類を 8 枚生地に落とし、1 枚ずつ取り出し、すぐに熱した油に落とします。ほんの 1 分ほど、カリッと軽く黄金色になるまで揚げたら、取り出してキッチンペーパーで水気を切ります。

28. 海老餃子とヌードルスープ

4人前

スープに

- チキンストック 3.5 リットル
- にんにく 8 かけ
- 根生姜 5cm 片
- タイの魚醤 大さじ 3
- アジア風細麺 160g
- 中火の赤唐辛子 1 本、薄切り
- ライムジュース 小さじ 4
- ねぎ 30g (1¼ オンス) スライス
- 新鮮なもやし 125g
- ほんの一握りの新鮮なミントとコリアンダー

餃子には

- 豚ひき肉の赤身 240g
- タイ海老ペースト 2g ひとつまみ
- 卵 1 個
- むき海老 80g

a) だし汁をにんにく、しょうが、魚醤と一緒に大きな鍋に入れます。1 時間煮込む。濾してきれいな鍋に移し、1.2 リットル (2 パイント) になるまで煮詰めます。保温してください。

b) 餃子を作るには、豚肉のひき肉をエビのペースト、卵、小さじ 1/4 の塩と一緒にフードプロセッサーに入れ、滑らかなペーストにします．えびは縦にそぎ切りにする。豚ひき肉のペーストをボウルに移し、みじん切りにしたエビを加えて混ぜます。10～15g (1/4～1/2 オンス) の混合物を小さなボールに成形し、開いた花びら蒸し器に置きます．

c) 低いオーブンで 4 つの深いスープボウルを加熱します．大きめの浅い鍋に深さ 2cm まで水を入れ、沸騰させます。餃子の花びら蒸し器を加えて弱火にし、蓋をして 4 分、または火が通るまで蒸します

29. ブラジルのシーフードシチュー

収量: 10 食分

成分

- ¾ ポンドのタラ 魚の切り身
- 中エビ 1 ポンド
- ¼ カップのライムジュース; 分割された
- ペッパーソース 小さじ ½
- 小さじ 1 杯の塩; 分割された
- オリーブオイル 大さじ 2
- 玉ねぎのみじん切り 1 カップ
- みじん切りピーマン 1 カップ
- にんにく大 2 片; みじん切り
- 皮をむいたホールトマトの缶詰 4 カップ
- ¾ カップ ココナッツミルク
- ねぎのみじん切り 1 カップ

- 刻んだ新鮮なコリアンダー 1 カップ
- あたたかいご飯

a) 浅い非アルミニウム製のボウルに、魚、エビ、大さじ 2 のライム ジュース、小さじ 1/4 のペパー ソース、小さじ 1/2 の塩を混ぜ合わせます。混ぜ合わせる。蓋をして冷蔵庫で 30 分マリネします。大きなフライパンで、中強火で油を熱します。玉ねぎ、ピーマン、にんにくをしんなりするまで炒めます。トマトを砕く。スキレットに加える。ココナッツミルク、残りのライムジュース大さじ 2、ペッパーソース小さじ 1、塩小さじ 1/2 を加えます。よく混ぜます。沸騰したら弱火にし、2〜3 分煮る。魚のマリネを加え、10 分または魚介類に火が通るまで煮込みます。

b) えびを加えてさらに 5 分煮る。サーブする直前に、ネギとコリアンダーをかき混ぜます。

サーモン

30. サーモン ビナ オルキ

収量: 1食分

成分

- 酢2カップ
- 水4カップ
- シナモン小さじ2
- 挽いたクミンシード 小さじ4
- つぶしたにんにく大6片
- 塩とコショウの味
- 鮭

a) 大きなやかんにすべての材料を入れてよく混ぜます。

b) サーモンのスライスを加えてよくかき混ぜ、各スライスがスパイスとニンニクを吸収するようにします．

c) 塩水に一晩漬けておきますが、サーモンは柔らかくなる傾向があるため、24時間以内に置いてください。

d) 塩水から取り出し、クラッカーのパン粉またはミールで転がし、熱した油で揚げます．

31. サーモンとポルチーニのケバブ

- 1/4 カップのオリーブオイル
- 細かく刻んだパセリ 1/4 カップ
- 新鮮なタイム 1/4 カップ、茎を取り除き、細かく刻んだ
- レモン汁 大さじ 2
- 粗挽き黒こしょう 大さじ 2
- 塩 小さじ 1
- 1.5 ポンドのサケの切り身、24 の立方体にカット
- 1〜1 1/2 ポンドのキノコ
- 竹串 8 本
- くさびレモン

a) 大きなボウルに油、パセリ、タイム、レモン汁、塩、こしょうを混ぜます。

b) サーモンの塊を加えてよく混ぜ、蓋をして冷蔵庫で 1 時間冷やす。

c) グリルを予熱します。

d) 混合物を冷蔵庫から取り出し、キノコの塊を加え、トスしてキノコをマリネでコーティングします．ザルで濾します。

e) 鮭とキノコを交互に串に刺し、それぞれに魚 3 切れとキノコ 3 切れを重ねた 8 つのケバブを作ります。

f) 浸した串を油を塗ったグリルに並べ、4 分間調理します。ひっくり返してさらに 4 分間、またはフィレが少し柔らかくなるまで調理します。

32. 天然キングサーモンのグリル

- ロブスター 1 尾、1 3/4 ポンド
- ½ カップの溶かしバター
- サーモンフィレ 2 ポンド
- 細かく刻んだ赤玉ねぎ 1/4 カップ
- 白酢 大さじ 3
- 水 大さじ 2
- 生クリーム ¼ カップ
- 新鮮なタラゴンのみじん切り 大さじ 2
- バター 大さじ 4 (1/2 スティック)
- 塩と挽きたての黒胡椒
- くし切りレモンとジュース
- ブラッドオレンジサラダ

a) ロブスターの空洞にバターとレモン汁をまぶします。

b) スモークパンの上で、ロブスターをグリルの上に仰向けに置きます。ふたを閉めて、約 25 分間燻します。まな板に移し、尾と爪から肉を取り除き、サンゴとすべてのジュースを冷蔵庫に保管します．

c) ベールブランを作るには、タマネギ、酢、水を中程度の鍋で中強火で沸騰させます。火を弱め、3～4 分、または半分くらいになるまで煮る。クリームとタラゴンを加えます。1～2 分間、または半分になるまで煮ます。バターの塊を泡立てます。

d) グリルを準備し、熱い側にサーモンを置きます。

e) ブールブランと一緒に鍋にロブスターの切り身とジュースを加えてかき混ぜ、火を中火に上げます。ふたをして、数回かき混ぜながら、3～4 分間、またはロブスターの肉が完全に加熱されるまで煮込みます。

33. メープルシロップサーモンステーキ

- ピュアメープルシロップ $\frac{1}{4}$ カップ
- みりんまたは白ワイン $\frac{1}{4}$ カップ
- 減塩醤油 $\frac{1}{4}$ カップ
- オリーブオイル 大さじ 2
- レモン 1/2 個分 (大さじ $1\frac{1}{2}$ 程度) とレモンの皮 1 個分 (大さじ 1 程度)
- 砕いた黒こしょう 大さじ 2 杯
- サーモン 2 ポンド、厚さ 3/4 インチのステーキにカット

a) メープルシロップ、みりん、醤油、油、レモン汁、コショウの実を混ぜ合わせ、腐食しない容器に入れます。ステーキをマリネ液に入れ、冷蔵庫で 30 分間冷やします。

b) グリルを予熱します。

c) マリネからサーモンステーキを取り出し、水気を切り、軽くたたいて乾かし、マリネを保存します。ステーキを炎の上に直接置き、4 分間調理します。回転させて、さらに 4 分長く、またはステーキが少し柔らかくなるまで調理します。焼き時間は短めでレア、長めでウェルダン。

d) その間にステーキをひっくり返したら、マリネ液を小鍋で中火～強火で沸騰するまで加熱し、5 分ほど煮る。すぐに火を止めます。

e) サーモンステーキの上にレードルソース。

34. サーモンとコーンチャウダー

- 1ポンドのサーモンフィレ
- 新鮮なとうもろこし2本
- オリーブオイル 大さじ2
- 中程度の細かく刻んだタマネギ1個
- ユーコンゴールドポテト(中)1個、さいの目に切った
- 全乳2カップ
- ライトクリーム1カップ
- 無塩バター 大さじ4
- ウスターソース 小さじ$\frac{1}{2}$
- 細かく刻んだタラゴン 1/4カップ
- パプリカ小さじ1
- 塩と挽きたての黒胡椒
- オイスタークラッカー

a) グリルを予熱します。

b) サーモンとトウモロコシの穂軸を油を塗ったグリルの上に置きます。6 分間調理します。次にひっくり返して 4〜5 分長く調理します。脇に置きます。

c) よく切れる包丁でとうもろこしを穂軸から剥がし、サーモンを一口大に切ります。脇に置きます。

d) 4 クォートの鍋に大さじ 1 杯の油を中強火で加熱します。玉ねぎとじゃがいもを加える。蓋をして、約 10 分間、または玉ねぎが柔らかくなるまで調理します。牛乳、生クリーム、バター、ウスターソースを加える。約 10 分、またはじゃがいもが柔らかくなるまで煮る

e) とうもろこし、サーモン、タラゴン、パプリカ、塩、こしょうを加えて混ぜ、5 分間煮ます。

f) ボウルに移し、すぐにオイスタークラッカーを添えます。

35. 塩漬けサーモン

6人前

- 2 x 750g (1 ポンド 10 オンス) 皮をむいたサーモンの切り身
- 大まかに刻んだディルの大きな束
- 粗塩 100g
- 上白糖 75g
- 砕いた白こしょう 大さじ 2
- 西洋わさびとマスタードソース用
- 細かくすりおろしたホースラディッシュ 小さじ 2 (新鮮または瓶から)
- 細かくすりおろしたタマネギ 小さじ 2
- ディジョンマスタード 小さじ 1
- グラニュー糖小さじ 1
- 白ワインビネガー 大さじ 2
- 塩ひとつまみ

- ダブルクリーム 175ml

a) サーモンの切り身の 1 つを、皮を下にして大きなラップの上に置きます。ディルを塩、砂糖、砕いた胡椒と混ぜ、サーモンの切り口に広げます。もう一方のフィレを皮を上にして上に置きます。

b) 2 ~ 3 層のラップフィルムで魚をしっかりと包み、大きくて浅いトレイに持ち上げます。少し小さめのトレイやまな板を魚の上に置き、重さを量ります。2 日間冷やし、12 時間ごとに魚を回転させて、小包の中で発生する塩水混合物が魚を刺激するようにします。

c) ホースラディッシュとマスタードのソースを作るには、クリーム以外のすべての材料を混ぜ合わせます。クリームを柔らかい角状に泡立て、西洋わさびの混合物をかき混ぜ、蓋をして冷やします。

d) 提供するには、サーモンを燻製するように、塩辛い混合物から魚を取り出し、非常に薄くスライスします．各プレートにグラブラックスのスライスを数枚並べ、ソースを添えます。

36. 新鮮なアトランティック サーモンのソテー

収量: 1 食分

成分

- 3 鮭の切り身
- バター 大さじ1
- 小さじ $\frac{1}{4}$ シェフソルト
- $\frac{1}{2}$ カップ味付け小麦粉
- さいの目に切ったトマト 大さじ1
- ネギのみじん切り 大さじ1
- きのこのみじん切り 大さじ1
- 白ワイン 大さじ2

- 小さなレモンの果汁 $\frac{1}{2}$
- ソフトバター 大さじ 2

a) 鮭は薄切りにする。サーモンにシェフソルトで味付けし、小麦粉をまぶします。

b) 両側をバターですばやく炒め、取り出します。スライスしたマッシュルーム、トマト、ねぎ、レモン汁、白ワインを加えます。

c) 余熱で約 30 秒弱火にかけます。バターをかき混ぜ、サーモンにソースをかけます。

37. サーモンのグリル パンチェッタ添え

収量: 4人前

成分

- 1ポンドのフレッシュモレルマッシュルーム
- 2 エシャロット; みじん切り
- 1クローブガーリック; みじん切り
- 大さじ10 バター; バラバラにカット
- ドライシェリーまたはマデイラ1カップ
- 鮭の切り身4切れ
- オリーブオイル
- 塩と挽きたてのコショウ

- 16 ネギ
- パンチェッタ大さじ 4; 立方体とトリミング

a) エシャロットとにんにくを大さじ 2 のバターで弱火で柔らかくなるまで炒めます。モレルを加え、火を上げて 1 分間調理します。シェリーを加えて半分に減らします。

b) 残りのバターを泡だて器で混ぜ、火にかけては火から下ろし、乳化するまで混ぜます。

c) グリルまたはリッジグリルパンを加熱します。サーモンの切り身に油を塗り、塩、こしょうで下味をつける。サーモンを大きな鍋に移し、オーブンで 5〜10 分間調理します。

d) 中型の重いフライパンを強火で加熱します。大さじ数杯のオリーブオイルを加えます。青ねぎとパンチェッタを加える。フライパンを振って焦げないように、手短に調理します。モレル混合物を加えて混ぜます。軽く味付けします。

e) サーモンの切り身を温かいディナープレートの中央に置きます。モレル混合物を上と側面にスプーンでかけます。

38. サーモン入りスパイシーココナッツスープ

成分

- 1 150g・1人あたりサーモンのピース・(150～180)
- ジャスミンライス 1カップ
- グリーンカルダモンのさや $\frac{1}{4}$ カップ
- クローブ 小さじ1
- 白こしょう 小さじ1
- シナモンスティック 2本
- 4 スターアニス
- 油 大さじ2

- 玉ねぎ 3 個。みじん切り
- ターメリック ½ デザートスプーン
- ココナッツミルク 1 リットル
- ココナッツクリーム 500 ミリリットル
- 完熟トマト 大 6 個
- ブラウンシュガー 大さじ 1
- 魚醤 20 ミリリットル
- 塩味
- ガラムマサラ 大さじ 2

a) ガラムマサラ：フライパンでスパイスを別々に乾煎りします。すべてのスパイスをコーヒーグラインダーまたは乳鉢で混ぜ合わせ、乳棒で挽いて挽きます。

b) スパイシー ココナッツ スープ: 大きな鍋に油を熱し、玉ねぎを透明になるまで炒めます。ウコンとしょうがを加えて弱火で 20 分ほど煮たら、残りの具材を加える。沸騰させます。

c) スープを炊いている間に、サーモンライスとジャスミンライスを炊きます。サーモンは、フィッシュストックでポーチしたり、炭火で焼いたり、フライパンで揚げたりすることができます．

39. コロンビア川チヌーク

- 新鮮なサクランボ 1 カップ、洗って穴をあける
- ½ カップのフィッシュストックまたはチキンストック
- 新鮮なタイム 1/4 カップ
- ブランデー 大さじ 2
- 小さじ 1 杯の新鮮なレモン汁
- ブラウンシュガー 大さじ 2
- バルサミコ酢 小さじ 1½
- サーモンの切り身 1.5 ~ 2 ポンド
- くさびレモン

a) グリルを予熱します。

b) さくらんぼをフードプロセッサーのボウルで、粗く刻むまで 3 ~ 4 回パルスします。

c) ストック、タイム、ブランデー、レモン汁を鍋に入れ、中火で 10 ~ 12 分間、または半分になるまで煮ます。

d) ブラウンシュガーと酢を加えてかき混ぜ、全体に火が通るまで 2 ~ 3 分煮る。火から下ろしますが、保温してください。

e) サーモンのフィレを油を塗ったグリルに置き、4 ~ 5 分間調理します。ひっくり返して、フィレが少し柔らかくなるまで、4 ~ 5 分長く調理します。

f) 4 回に分けてお召し上がりください。温かいソースを 4 枚のプレートの中央に盛り付け、プールを作ります。ソースの上に直接サーモンをのせます。

g) くし切りレモンを添えて。

セビーチェ

40. アボカドとホタテのセビーチェ

成分

- ½ カップ フレッシュライムジュース
- ピーナッツオイル 大さじ 3
- 植物油
- 24 ピーマン、砕いた
- 塩味
- 海または湾のホタテ ¾ ポンド
- 皮をむいた完熟アボカド (大) 1 個

- フレッシュチャイブ 大さじ 2
- ホワイトマッシュルーム 40 個
- 植物油 $\frac{1}{4}$ カップ
- フレッシュレモンジュース 大さじ 2
- にんにく (中) 1 片 (皮をむいてつぶす)
- ソルト＆ペッパー お好みで
- ネギ

a) ライムジュース、オイル、コショウの実、塩、コショウをガラスまたはセラミックのボウルに入れます。ホタテをかき混ぜる

b) アボカドをほぼ滑らかになるまでつぶし、ホタテのマリネにチャイブまたはネギと一緒に加えます

c) 小さなボウルにサラダ油、レモン汁、にんにく、塩、こしょうを入れ、きのこの内側にまんべんなく塗る。

41. ホタテのセビーチェ

収量: 6人分

成分

- 小さじ 1½ クミン
- フレッシュライムジュース 1 カップ
- ½ カップ フレッシュオレンジジュース
- ベイホタテ 2 ポンド
- 1 ホットレッドチリペッパー; みじん切り
- 赤玉ねぎ ¼ カップ・みじん切り
- 3 熟したプラム トマト・種とみじん切り

- 1 赤ピーマン; 種とみじん切り
- 3 ねぎ; みじん切り
- 刻んだ新鮮なコリアンダー 1 カップ
- 1 ライム; 薄切り、飾り用

a) ライムとオレンジのジュースにクミンを混ぜ、ホタテの上にかけます。

b) みじん切りにした唐辛子と赤玉ねぎを入れて炒めます。カバーをして、少なくとも 2 時間冷蔵します。

c) サーブする直前に、ホタテの水気を切り、刻んだトマト、ピーマン、ネギ、コリアンダーと混ぜます。ライムのスライスを飾ります。

42. セビーチェ ソレロ

収量: 1食分

- 1ポンドのエビ; 洗って、皮をむいて、切る
- 1ポンドの鯛の切り身。皮をむいてカット
- オリーブオイル 大さじ1
- フレッシュオレンジジュース 大さじ1
- ホワイトビネガー 大さじ1
- ½カップ フレッシュライムジュース
- にんにく大さじ1; みじん切り

- 赤玉ねぎ大さじ1・みじん切り
- 4オンスのさいの目に切った赤ピーマン（約3/8カップ）
- 1ハラペーニョ；さいの目に切った
- 挽いたクミン ひとつまみ
- 塩 小さじ1
- コリアンダーのみじん切り 大さじ1
- パッションフルーツピューレ 大さじ2

a) エビを沸騰したお湯で覆い、1分間調理します。濾して蓋をし、冷めるまで冷蔵します。

b) 大きなボウルに鯛の角切り、油、オレンジジュース、酢、ライムジュース、にんにく、玉ねぎ、ピーマン、ハラペーニョ、クミン、塩、コリアンダー、パッションフルーツのピューレを入れます。エビを追加します。冷蔵庫で少なくとも6時間カバーしてマリネします。

c) コショウのストリップとライムのスライスを添えたエンダイブまたはレタスのストリップに添えます。

43. マンゴーツナのセビーチェ

収量: 4人前

成分

- $\frac{3}{4}$ ポンドのツナステーキ
- $\frac{1}{2}$ カップ ライムジュース
- $\frac{1}{2}$ カップ (4オンス) のココナッツミルク
- オリーブオイル 大さじ2
- 塩とコショウ
- さいの目に切ったマンゴー1カップ

- さいの目に切った赤唐辛子 大さじ2
- 新鮮なコリアンダーのみじん切り 大さじ2
- トーストしたココナッツ 大さじ2
- エシャロットのみじん切り 大さじ2
- 飾り用コリアンダーの小枝

a) マグロを小さく切り、ガラスのボウルに入れ、ライム ジュースとココナッツ ミルクで覆います。蓋をして4時間冷蔵します。

b) 余分な液体を捨て、オリーブオイル大さじ1と塩こしょうで味を調えます。別のボウルに、マンゴー、ピーマン、パクチー、エシャロット、ココナッツ、残りのオリーブ オイルを入れ、味付けします。残りの材料を組み合わせて味を調えます。パフェを作り始めます。各グラスの底に大さじ1杯のレリッシュを入れます。ツナ大さじ2をトッピング。

44. ホタテのセビーチェ

収量: 4人前

成分

- 新鮮なホタテ1ポンド
- 1カップのジュース、ライム、カバー
- にんにく、にんにく、みじん切り 各2個
- 赤ピーマン各1個、種を取り、千切りにする
- チリ、緑、スイート、シード、千切り

- 粗みじん切りにしたコリアンダー 1/2 束

- トマト大1個 (芯を取り、みじん切り)

- 唐辛子、ハラペーニョ 各2本

- ½ c オイル、オリーブ

a) ホタテは三等分に切り、形を保ち大きさが均一になるように切る。ホタテをボウルに入れ、ライムジュースを加えて1時間マリネします。

b) 1時間後、にんにく、赤ピーマン、青唐辛子を加えます。よく混ぜます。

c) コリアンダー、トマト、ハラペーニョ唐辛子を追加します。オリーブオイルを加えてよく混ぜます。

45. まぐろのカルパッチョ 夏のセビーチェ

収量: 6人分

成分

- 寿司用マグロ 1 ポンド
- 1 赤玉ねぎ; 細かく刻んだ
- $\frac{1}{4}$ カップの新鮮なトウモロコシ; 細かく刻んだ
- ヒカマ 1 カップ; 細かく刻んだ
- 1 レモン; 搾り取った
- 1 ライム; 搾り取った
- 1 オレンジ; 搾り取った

- チャイブ 1 束
- 粉わさび 1/2 カップ
- 水 1 カップ

a) マグロは 6 等分に切り、ワックスペーパーに油を塗り、マグロの間に紙を挟みます。肉切り包丁で好みの大きさに叩き、アイスボックスで冷やす。

b) 中くらいのボウルに、すべての野菜と、レモン、ライム、オレンジのすべてのジュースを一緒に加えます。全体を 10 分間漬け込みます。液体を排出します。チルプレート。

c) アイスボックスからカルパッチョを取り出し、ワックスを塗った紙の最上層をはがし、マグロを皿にひっくり返し、セビーチェをすべての皿に均等にスプーンで入れます．

d) わさびと水を混ぜて、ホヤびんに入れる。上から霧雨。

46. わさびセビーチェ鯛サラダ

収量: 4 - 6

成分

- 鯛の切り身 600g
- 涙わさびウォッカ $\frac{1}{4}$ カップ
- ライムジュース $\frac{1}{2}$ カップ
- 1 ライムゼスト
- タバスコ大さじ 2; または味わうために
- 砂糖 大さじ 1
- 塩 小さじ 1

- トマトジュース 1 カップ
- 1 つの小さな赤玉ねぎ; みじん切り
- 2 トマト; 芯のある、種のある、みじん切り
- 1 赤唐辛子; 芯のある、種のある、スライスした
- コリアンダー 大さじ 2

a) 最初の 7 つのアイテムを混ぜ合わせます。

b) カバーをして、少なくとも 1 時間冷蔵します。

c) 残りの成分を明らかにして追加します。

d) すべてをよく混ぜます。

e) 大きなボウルに注ぎます。

f) 別のボウルに野菜サラダを盛り付け、なみだわさびマヨネーズを添えて。

47. ユカタン風セビーチェ

収量: 6人分

成分

- 固い白身魚の切り身 1.5 ポンド
- ¾ ポンド大エビ、16-24 カウント
- スイートオニオン 大1個
- 軽くトーストしたハバネロ 3〜4枚
- フレッシュライムジュース 1カップ
- ½ カップ フレッシュオレンジジュース

a) 魚を 1/4 インチのスライスに切ります。あなたが行くように骨を取り除きます。魚を 1 層に収まる大きさのガラスまたはガラス張りの陶器の皿に入れます。

b) エビの殻をむいて背わたを取り除き、必要な場合にのみすすぎ、砂を取り除きます。えびは縦半分に切るか、そぎ切りにする。

c) エビを魚の上に重ねます。玉ねぎは縦半分に切ってから横に薄切りにします。

d) 魚とエビの上にタマネギを重ねます。

e) ゴム手袋をはめて、ハバネロの茎、種、スライバーをタマネギの上に散らします。皿に塩で味付けし、ライムとオレンジ ジュースを注ぎます。

f) 冷蔵庫で 8 時間または一晩、または魚とエビが不透明になるまでカバーしてマリネします．

48. アンコウとアボカドのセビーチェ

6人前

- アンコウの切り身 500g
- ライム3個分のジュース
- 中火の赤唐辛子1本、半分に切って種を取り除く
- 赤玉ねぎ1個
- 完熟トマト6個(皮をむく)
- エキストラバージンオリーブオイル 大さじ3
- 刻んだばかりのコリアンダー 大さじ2
- 1つの大きな熟したアボカド

a) アンコウをライムジュースに注ぎ、すべての魚のスライスがジュースで完全に覆われていることを確認します。

b) その間、非常に薄く、わずかにカールしたスライスになるように、各唐辛子の半分をスライスします。たまねぎは4等分に切り、くさびは縦に薄く弧状に切る。トマトはそれぞれ4等分に切り、種を取り除く。肉の各部分を縦に薄く弧状に切ります。

c) サーブする準備が整う直前に、スロット付きスプーンでライムジュースからアンコウを持ち上げ、チリ、タマネギ、トマト、オリーブオイル、ほとんどのコリアンダー、および味に少量の塩を入れた大きなボウルに入れます．軽く一緒に投げます。

d) アボカドは半分に切り、石を取り除いて皮をむく。半分ずつ縦に薄切りにします。各プレートの片側にアボカドのスライスを3〜4枚並べます。セビーチェを反対側に重ね、残りのコリアンダーを振りかけます。すぐにサーブします。

イカとタコ

49. イカフライ

- 250g (9oz) きれいにしたイカ
- 浅煎り用オリーブオイル
- 細かく砕いたセモリナ粉または薄力粉、打ち粉用
- レモンのくさび
- にんにく2片
- マヨネーズ 200g
- スモークピメントン 小さじ1

a) ピーマンの燻製とにんにくマヨネーズを作るには、にんにくをまな板に置き、ひとつまみの塩をふりかけ、大きなナイフの刃の平らな面で滑らかなペーストにつぶします。スモークピーマンと一緒にマヨネーズをかき混ぜます。

b) イカの袋を薄い輪に切り、触手をペアに分けます。リングと触手をトレイに広げ、塩とコショウで軽く味付けします。

c) オリーブオイルを大きなフライパンに深さ **1cm** まで注ぎ、中火から強火で **190°C/375°F** に熱します。ハリナ デ トリゴ、セモリナ粉または小麦粉にイカを入れ、余分な粉を払い落とし、小麦粉が少し湿るまで **1～2** 分間そのままにします。これにより、より鮮明な仕上がりになります。

d) イカを小分けにして **1** 分間、パリッと軽く黄金色になるまで揚げます。キッチンペーパーで軽く水気を切り、温めたお皿に移す。熱々のうちに、スモークピメントとガーリックマヨネーズ、くし切りレモンを添えて。

50. タコのスパイスサラダ パセリ添え

- タコ 1 尾
- エクストラバージンオリーブオイル 50ml
- シナモンスティック 7.5cm
- クローブ 4 個
- 6 オールスパイスベリー
- 黒こしょう 小さじ 1
- 新鮮なレモン汁 小さじ 3/4
- 粗く刻んだ平葉パセリ 大さじ 1
- エキストラバージンオリーブオイル 小さじ 2

a) タコをオリーブオイル、シナモン、クローブ、オールスパイスベリー、コショウの実、小さじ 1 杯の塩と一緒に小さなキャセロールに入れます。しっかりと蓋をして、2 時間または柔らかくなるまで焼きます。

b) キャセロールをオーブンから取り出し、タコを皿の上に持ち上げます。煮汁をこして小さな鍋に入れ、約半分の量になるまで急速に沸騰させ、十分に風味をつけます。タコと一緒に冷ます。

c) タコが冷めたら、触手を切り落とし、それぞれを対角線上で 5mm 程度の厚さにスライスします。体を同じような大きさに切ります。

d) タコをボウルに入れ、煮汁大さじ 3、レモン汁、パセリを入れて混ぜる。よく混ぜ合わせ、スプーンで浅いサービングディッシュに入れ、室温でサービングする直前にエキストラバージンオリーブオイルをまぶします．

ツナ

51. まぐろの燻製ポン酢

- ½ カップ
- レモン汁 2/3 個分 (大さじ 2 程度)
- 減塩しょうゆ 大さじ 1
- 寿司用マグロ 1.5 ポンド
- ごま油 小さじ 1
- タケノコ 1/2 カップ
- 細かく刻んだしいたけ 1/2 カップ (またはカキまたはベビーベラ)
- にんにく 3～4 片 (さいの目切り)
- 細かく刻んだ生姜 大さじ 2
- ポン酢 1/2 カップ
- 炊き込み玄米
- くさびレモン

a) スモークグリル用のグリルを用意。

b) 腐食しない容器に、酒、レモン汁、醤油を入れて泡立てる。まぐろを冷蔵庫で 20～30 分マリネする。

c) マグロを取り出し、水気を切り、グリルの冷たい側に置きます。ふたを閉めたまま約 45 分間燻します。まぐろはかなりレアで柔らかい食感になります。

d) その間、大きなフライパンまたは中華鍋にごま油を中火から強火で熱します。たけのこ、きのこ、にんにく、しょうがを 1～2 分炒める。ポン酢を加え、野菜が全体になじむまで 6～8 分煮て火を止める。

e) マグロを火からおろし、4等分する。温かいお皿に玄米をのせ、魚とご飯の上にタレをかけます。くし切りレモンを添えて。

52. まぐろケバブ

- レモン汁 ¼ カップ
- オリーブオイル 大さじ 1
- 乾燥マジョラム 大さじ 2
- 乾燥オレガノ 大さじ 2
- 乾燥タイム 大さじ 2
- 海塩 小さじ ½
- 挽きたての黒コショウ 大さじ 1
- マグロの切り身 16 ピース、1.5 インチの立方体にカット、約 1 ポンド
- 24 個の 1.5 インチのピーマン (大約 2 個)
- 赤パプリカ 1½ インチ片 24 個 (大約 2 個)
- 赤玉ねぎ 1 インチ片 24 個 (中 2 個程度)
- プチトマト 16 個

- ぬるま湯に 30 分間浸した木製の串 (長さ 11½ インチ) 6 本

a) 大きなミキシング ボウルに、レモン汁、オイル、マジョラム、オレガノ、タイム、塩、コショウを混ぜます。魚の塊、ピーマン、タマネギ、トマトを混ぜ合わせ、すべての塊をコーティングします。

b) すべての串がいっぱいになるまで、4 つの串のそれぞれに、魚 1 切れ、ピーマン 1 切れ、赤唐辛子 1 切れ、タマネギ 1 切れを交互に入れます。プチトマト 8 本を 2 本の串に刺します。脇に置きます。

c) トマト以外の串を油をひいたグリルに並べます。4～5 分したら裏返し、トマト串をグリルに入れる。魚のケバブをさらに 4 ～ 5 分、または魚が触って固くなるまで焼き、取り出します。ミディアムレアのマグロは焼き時間を半分に。5 分後にトマトケバブを取り出します。

d) トマトを串からはずす

53. マグロステーキとブラッドオレンジ

- マグロのステーキ4枚、各6～8オンス
- 減塩醤油 1/3 カップ
- フレッシュブラッドオレンジ1個分の果汁(大さじ4程度)
- 生姜のみじん切り $\frac{1}{4}$ カップ
- フレッシュライムジュース 大さじ2
- ピュアメープルシロップ 大さじ2
- 塩と挽きたての黒胡椒
- ブラッドオレンジの皮1個分
- ブラッドオレンジ8切れ(小さいオレンジ2個くらい)

a) マグロのステーキ、醤油、オレンジジュース、生姜、ライムジュース、メープルシロップを大きなミキシングボウルに入れます。混ぜ合わせ、蓋をして冷蔵庫で約30分冷やす。

b) グリルを予熱します。

c) 12インチ×12インチのアルミホイルを4枚はがします。マリネからマグロのステーキを取り出し、ホイルの各部分の中央に1つずつ置きます。塩こしょうで味を調え、それぞれに皮とオレンジスライス2枚をかぶせます。ホイルをしっかりと圧着します。

d) 4〜5分間グリルします。ひっくり返して5分長く、またはマグロがしっかりと触るまで焼きます。

e) 各ホイルの包みを開けて、すぐにお召し上がりください。

54. 焼きまぐろバーガー

- 新鮮なマグロ 1½ ポンド
- 溶き卵 2 個
- 小さなキュウリまたはコーニコン 4〜6 個
- 塩
- 挽きたての黒コショウ 小さじ 1
- オリーブオイル 大さじ 1
- 細かく刻んだスイートホワイトオニオン 1/2 カップ
- 新鮮なトウモロコシ 2 カップ
- ¼ カップ辛口白ワイン
- レモン 1 個分 (大さじ 3 程度) とレモンの皮 (大さじ 1 程度)
- 細かく刻んだ新鮮なディル 大さじ 1½
- レモニーコーンサルサ

a) 油を引いた網の上にマグロを並べ、3〜4 分焼きます。向きを変えて、さらに 3〜4 分、または魚が少し柔らかくなるまで焼きます。取り出して冷ます。

b) 大きなミキシングボウルで冷やしたマグロをほぐし、卵、ピクルス、塩で味を調え、コショウを加え、大きなフォークでつぶします。脇に置きます。

c) 大きな鍋に油を中火から強火で熱します。玉ねぎを加え、しんなりするまで2~3分炒める。とうもろこし、ワイン、レモン汁、ディルを加えて4~5分煮る。火から下ろします。

d) ツナに液と皮をよく混ぜ合わせる。混合物を4つのパティに成形します。パテを油を塗った穴あきピザパンまたはグリルの上の金網バスケットに置きます．パティを3～4分間焼きます。ひっくり返して、3~4分長く、または手触りが固くなるまで調理します。

e) レモニー コーン サルサを添えて、トーストしたハンバーガー バンズにのせて。

55. ツナのカルパッチョ ミント添え

4人前

- まぐろロース 切り身 225g 冷凍
- 完熟トマト1個
- 小さじ1杯のケッパー、水気を切り、すすいでください
- 細かく刻んだミントの葉4枚
- パセリの平らな葉4枚、細かく刻む
- マスタードドレッシングに
- ディジョンマスタード 小さじ1
- 白ワインビネガー 小さじ1
- エキストラバージンオリーブオイル 大さじ2

a) まぐろを冷凍庫から取り出し、ラップを外してまな板にのせます。非常に鋭利な長い刃の包丁を使用して、マグロを非常に薄いスライスに切ります。

a) 4枚のコールドプレートの底に、マグロの切り身を4枚ほど重ねて並べます。

b) マスタードドレッシングの場合は、マスタードとビネガーを小さなボウルで泡だて器で混ぜてから、油を小さじ1杯ずつ加えて、濃厚でよく乳化したドレッシングを作ります．数滴のぬるま湯を加えて少しほぐし、塩こしょうで味を調えます。

c) ティースプーンを使って、からしドレッシングをツナにジグザグにかけます。次に、さいの目に切ったトマト、ケッパー、刻んだミント、パセリを各皿に散らします。シーソルトフレークとブラックペッパーをふりかけて、すぐにお召し上がりください．

56. まぐろのマリネ パッションフルーツ添え

4人前

- 厚さ 3cm のまぐろロース切り身、
- 小さく熟したシワのあるパッションフルーツ 2 個、
- ライムジュース 大さじ 1
- ひまわり油 大さじ 3
- 中辛の青唐辛子 1 本
- グラニュー糖小さじ 1
- 細かく刻んだコリアンダー 大さじ $1\frac{1}{2}$

a) まぐろロースの切り身をまな板にのせ、横に薄切りにする。4 枚の大きなプレートのベースの上に、スライスを並べて並べますが、一緒に閉じます。それぞれを Clingfilm で覆い、少なくとも 1 時間、または提供する準備が整うまで冷やします．

b) 提供する直前に、マリネ用ドレッシングを作ります。パッションフルーツを半分に切り、ボウルの上にセットしたふるいに果肉をすくい取ります。果肉をふるいでこすり、果汁を抽出し、種を捨てます。大さじ 1 杯程度のジュースが残っているはずです。ライムジュース、ひまわり油、青唐辛

子、砂糖、コリアンダー、小さじ 1/2 の塩、挽きたてのコショウを入れてかき混ぜます。

c) 提供するには、プレートのカバーを外し、スプーンでドレッシングをかけて、スプーンの背で魚の表面に広げます。提供する前に 10 分間放置してください。

カキ

57. 牡蠣のソースミニョネット

2 人前

- 牡蠣 12 個
- ソース・ミニョネット用
- 上質な白ワインビネガー 大さじ 3
- ひまわり油 小さじ 1

- 粗く砕いた白こしょう 小さじ $\frac{1}{4}$
- 大さじ 1 非常に薄くスライスしたねぎの上

a) カキを開くには、片手をティータオルで包み、平らな殻を上にしてカキを持ちます。オイスターナイフの先端をヒンジの最も狭い部分に押し込み、ヒンジが壊れて 2 つのシェルの間にナイフをスライドできるようになるまで、ナイフを前後に小刻みに動かします。ナイフの先を上にひねってトップシェルを持ち上げ、靭帯を切り、シェルを持ち上げます。底の殻からカキの身を離し、殻を少しずつ取り出します。

b) 食べる直前にソースの材料を混ぜ合わせる。牡蠣の身を殻に戻し、スプーンでタレを少しずつかけます。

58. 生姜入りオイスタースープ

4人前

- 12 太平洋のカキ
- 良質の冷製チキンストック 1.5 リットル
- タイの魚醤 小さじ 2
- 薄口しょうゆ 小さじ 1
- 中温の青唐辛子 1 本、種を取り、粗みじん切りにする
- 生の根生姜 1cm (1/2 インチ) スライス
- 100g (4oz) 安い白身魚のフィレ、細かく刻んだ
- ニラ 50g (2 オンス) 薄切り
- 卵白 1 個
- 飾り用のタラゴン、チャービル、若い平葉パセリの葉数枚

a) カキを開き、ジュースをボウルに注ぎます。カキの身は殻から離し、必要になるまで冷やしておきます。

b) オイスター ジュース、冷たいチキン ストック、タイの魚醤、醤油、青唐辛子、生姜、みじん切りにした魚、ニラ、卵白、小さじ 1 杯の塩を大きな鍋に入れます。中火にかけ、時々かき混ぜながらゆっくりと沸騰させます。ストックを 5～10 秒間激しく沸騰させてから、火を弱め、邪魔されずに 30 分間煮ます。

c) 2 倍の厚さのモスリンで裏打ちされた細かいふるいを通して、スープをきれいな鍋に移します。牡蠣は大きさに合わせて縦に 2～3 等分に切る。スープを沸騰させ、カキのスライスを加えて、5 秒間静かに調理します. 次に、スープを温めたボウルに入れ、それぞれにハーブの葉をたっぷりと散らします. すぐにサーブします。

59. オイスターシチュー

- 小さくスライスしたバター 大さじ4 (1/2スティック)
- レモン汁 1/2個分 (大さじ 1½ 程度)
- ハーフシェルのカキ 12〜24個
- 全乳 2カップ
- 生クリーム 1カップ
- フィッシュストック 1カップ
- パプリカ 大さじ2
- 小さじ ½ のカイエンペッパー

a) グリルを予熱します。

b) 牡蠣の殻にバターをひとつまみ入れ、レモンを一滴たらす。グリルの上に置き、ふたを閉めます。5〜6分間、またはバターが溶けるまで調理します。火を止め、ふたを閉めたままにする。

c) その間、牛乳、クリーム、ストック、パプリカ、カイエンを使用する場合は、4クォートの鍋で中火から強火で沸騰させます．すぐに弱火にして10分煮込みます。牛乳が焦げないようにしてください。

d) グリルからカキを取り出し、カキとその汁を静かに鍋に加えます。1分間かき混ぜ、ボウルに移し、熱いうちにサーブします．

60. 牡蠣とシャンパーニュ サバイヨン

2人前

- カキ 8 個
- シャンパーニュ・サバイヨンのために
- シャンパン 200ml
- グラニュー糖 ひとつまみ
- 卵黄 3 個
- 温めた透明バター 75g (3oz)
- カイエンペッパー少々

a) グリルを高温に予熱します。カキを開き、それぞれからジュースを注ぎます。半分の殻のまま、大きなグリル トレイに置き、ラップで覆い、片側に置きます。

b) シャンパンと砂糖を小さな鍋に入れ、沸騰させ、大さじ 4 になるまで急速に沸騰させます。大きめの耐熱ボウルに入れて冷ます。卵黄を加え、かろうじて沸騰したお湯の上にボウルを置き、混合物

の量が非常に多くなり、とろみがあり、軽くて泡立ち、表面に小雨が降ると跡が残るまで、激しく泡立てます.

c) ボウルを火からおろし、温かく澄んだバターをゆっくりと混ぜます。塩少々で味を調えます。

d) 各カキの上に大さじ 1 杯のシャンパンサバヨンをスプーンでかけ、カイエンペッパーの小さなピンチをそれぞれに非常に軽く振りかけます. 軽く焼き色がつくまで約 30 秒間グリルの下に置き、カキを 2 つのプレートに分けてすぐにサーブします.

e) 清澄バターを作るには、バターを小さな鍋に入れ、溶けるまで非常に弱火にかけます。

ロブスター、ホタテ、カニ

61. ロブスターとトマトのビスク

- オリーブオイル 大さじ1
- 細かく刻んだにんにく 4~6片
- 細かく刻んだセロリ 1本
- 細かく刻んだ甘い白タマネギ 1個
- さいの目に切った中型トマト 1個
- $1\frac{1}{2}$-$1\frac{3}{4}$ ポンドのロブスター
- 全乳 2カップ
- トマトソース 1カップ
- 生クリーム 1/2カップ
- フィッシュストック 1/2カップ
- 無塩バター 大さじ4(1/2スティック)

- 細かく刻んだ新鮮なパセリ 大さじ 2
- 挽きたての黒コショウ 小さじ 1

a) 大きな鍋に油を中火から強火で熱します。にんにく、セロリ、玉ねぎを加え、かき混ぜながら 8～10 分煮る。トマトを追加します。

b) ロブスターをまな板の上に仰向けに置きます。殻を切らずに、尾の中央からほぼ先端まで切り込みを入れます。尾を分割します。

c) ロブスターを殻を下にして蓋をして 15～18 分焼きます。ロブスターをグリルからまな板に戻し、肉とトマリーを取り除きます。殻を捨て、肉を脇に置きます。

d) 野菜と一緒に鍋に牛乳、トマトソース、クリーム、ストック、バターを入れて沸騰させます。熱を弱めます。よくかき混ぜながら 10 分間煮る。

e) ロブスターの肉とトマリー、パセリとコショウを加えます。蓋をして弱火で 4～5 分煮込む。

62. カニとコーンのスープ

4人前

- チキンストック 1.2 リットル
- 新鮮なトウモロコシの穂軸 2 本
- 225g (8oz) 新鮮な白ガニ
- コーンフラワー 小さじ 5
- 細かく刻んだ新鮮な根生姜 小さじ 1
- ねぎ 2 本、2½cm（1インチ）に切り、縦に細切りにする
- 薄口しょうゆ 大さじ 1
- 中国のライスワインまたはドライシェリー酒 大さじ 1
- 軽く泡立てた卵白 1 個

a) チキンストックを鍋で沸騰させます。その間、とうもろこしの穂軸をまな板の上に立てて、大きく鋭いナイフで穀粒を切り落とします。とうもろこしをストックに加え、5 分間煮ます。

b) カニ肉に殻の小さな破片がないかチェックし、肉をできるだけ大きな破片に保ちます。コーンフラワーを少量の冷水でなめらかなペースト状になるまで混ぜ、スープに加えて 2 分間煮ます。

c) カニ肉、ショウガ、ネギ、醤油、酒またはシェリー酒、小さじ 1 杯の塩とコショウで味を調えます。1 分間煮る。

d) スープをよくかき混ぜ、スプーンを取り出し、溶いた卵白をゆっくりと滴り、スープの中で長く細いストランドを形成します．30 秒ほど煮て、すぐにお召し上がりください。

63. カニとロケット

4人前

- 350g (12オンス) 新鮮な白ガニ
- フレッシュレモン汁 小さじ2
- エキストラバージン オリーブ オイル 小さじ4杯、レモン オリーブ オイルが望ましい
- 細かく刻んだバジルの葉 8枚
- 一握りの野生のロケットの葉
- 海塩と粗びき黒こしょう (飾り用)

a) ボウルにカニ肉を入れ、レモン汁、オリーブオイル、バジル、調味料で味を調えます。

b) 4枚のプレートにカニの混合物を小さくて背の高い山にして、それらを中心から少しずらして置きます．ロケットの葉の小さな山を横に置きます。

c) ロケットの上とプレートの外側の端の周りに、もう少しオリーブオイルを滴下します．

d) 少量の海塩と粗びき黒コショウを油に振りかけ、サーブします。

64. スパイダークラブのフェンネルスープ

4〜6人分

- クモまたはカニの調理済み肉 1枚
- ネギ 1本
- フェンネル 1頭
- 1.2リットル(2パイント)の野菜ストック
- トマト 2個(約175g)
- オリーブオイル 大さじ4
- 砕いた乾燥唐辛子 少々
- フェンネルシード ひとつまみ、軽く砕く
- オレンジの皮 1切れ
- トマトピューレ 小さじ½
- スライスしたにんにく 4片
- ペルノやリカールなどのパスティス 50ml

- オレンジ半分のジュース
- サフランストランドのピンチ

a) ストックを作るには、カニの甲羅、ネギとフェンネルのトリミング、大さじ1杯の茶色の肉、野菜のストックを大きな鍋に入れます.30分間沸騰させます。

b) フライパンにオリーブオイルを熱し、乾燥唐辛子、フェンネルシード、オレンジピール、トマトピューレ、にんにく、ニラ、フェンネルを入れて、色がつかないように5分ほど炒める。少し火を強め、パスティスを加え、マッチで火をつけてアルコールを飛ばします。

c) 目の細かいふるいでストックを濾し、オレンジジュースとサフランを加えて10分間煮ます。カニ肉とトマトを加え、塩こしょうで味を調えます。

d) 温めたスープ皿に取り、すぐにサーブします。

65. カニのレタスカレー

4人前

- 中型の完熟トマト 3～4個
- マヨネーズ 大さじ 5
- マイルドなカレー粉 小さじ $\frac{1}{2}$
- 新鮮なレモン汁 小さじ $\frac{1}{2}$
- タバスコソース 2 ダッシュ
- 500g (1ポンド) 新鮮な白ガニ
- ラムレタス 50g (2oz) 根元を切り落とす
- エキストラバージンオリーブオイル 小さじ 2
- サーブする新鮮な全食パン

a) ボウルにマヨネーズを入れ、カレー粉、レモン汁、タバスコソースを加えて混ぜる。この混合物をカニ肉に軽く混ぜ、少量の塩で味を調えます。

b) 4枚の小皿の中央にトマトのスライスを数枚重ね、軽く塩で味を調えます。その上にカニマヨネーズをスプーンで少しかけます。子羊のレタスをオリーブオイルと塩少々で和え、横に重ねます。全食パンと一緒にお召し上がりください。

c) 300mlのマヨネーズを作るには、白ワインビネガー小さじ2杯と塩小さじ1/2を入れたミキシングボウルに卵黄2個を入れます。ボウルをふきんの上に置いて滑らないようにし、軽く泡だて器で卵黄を崩します。ワイヤー泡だて器を使用して、300mlのオリーブオイルまたはヒマワリ油を叩き、すべてが混ざるまでオイルを一度に数滴加えます．または、全卵、酢、塩をフードプロセッサーに入れます。マシンの電源を入れ、濃厚なエマルジョンになるまでオイルをゆっくりと加えます。

66. デリ クラブ サンドイッチ

6 にします

- 全食パンの薄切り 12 枚
- 柔らかくしたバター 75g
- マヨネーズ 大さじ 5
- フレッシュレモン汁 小さじ 1
- 赤唐辛子 1/2 〜 1 本、火加減に応じて種を取り、細かく刻む
- 500g (1 ポンド) 新鮮な白ガニ
- みじん切りにした平葉パセリ 大さじ 2
- 50g (2oz) ロケット

a) 食パンにバターを塗り、片面に並べる。

b) 小さいボウルにマヨネーズを入れ、レモン汁と唐辛子を入れて混ぜます。カニ身とパセリを別のボウルに入れ、マヨネーズを軽く混ぜます。塩少々で味を調えます。

c) バターを塗った面を上にして6枚のパンをボードに置き、カニの混合物をスプーンでかけます。たっぷりのルッコラの葉をかぶせ、残りの食パンをのせます。各サンドイッチを斜めに半分または4分の1に切り、すぐにサーブします。

67. ホタテのフライ、ブラジル風

収量: 4人前

成分

- 新鮮な湾のホタテ 1 ポンド
- バター 大さじ 8
- 小麦粉 1 カップ
- 小さじ 1 杯のニンニク; みじん切り
- パセリ大さじ 3; みじん切り
- 小さじ 1/4 の塩
- 挽きたての黒胡椒
- ½ フレッシュレモン

a) ホタテは冷水でさっと洗う。フライパンに 1 層に広げ、リネンまたはペーパータオルで覆います。別のタオルで覆い、数時間冷蔵して水気を切ります。弱火でバターを溶かします。大きなボウルに小麦粉を入れ、ホタテを落とします。ホタテを軽く投げて、小麦粉ですべての面をコーティングします。余分な小麦粉を取り除くためにふるいにかけます。

b) ホタテをバターに加え、フライパンを前後にスライドさせて、3～4 分間焼き色がつかないまで焼きます．ホタテを加熱しすぎないでください。にんにくとパセリをフライパンに加え、さらに 30 秒加熱します。レモン汁を絞り、塩こしょうで味を調えます。

魚

68. ブラジリアンソーセージ詰めウーフー

収量: 12 食分

成分

- 5 ポンドのウーフー (ブダイ)
- 1 パック ホット ブラジリアン ソーセージ；スライスされた
- ネギの白；縦にスライス
- にんにく 3 片；みじん切り
- 小さじ 2 杯のジンジャー；すりおろし
- 塩とコショウの味

a) オーブンを 450 度に予熱します。バタフライフィッシュを背中から脱骨。

b) いつものように魚をきれいにします。よく洗って乾かしてください。塩こしょうで味を調えます。ブラジル風ソーセージのスライス、玉ねぎの白身、にんにく、しょうがを混ぜ合わせます。

c) 魚の空洞に詰め、針と糸で縫って閉じます

d) 1 枚の葉を魚の側面に置き、光沢のある面を上にして、スズ箔で包みます. 天板に並べて 1 時間 15 分焼く。

69. ブラジル産ヒレ肉の炙り焼き

収量: 1食分

成分

- 8 ソールの切り身
- レモン汁 大さじ 1½
- バター 大さじ 2
- ¼ カップドライシェリー
- しょうゆ 小さじ 1
- パセリのみじん切り 2 本
- 卵黄 1 個

a) ブロイリングパンにフィレを並べます。レモン汁の一部とバターのドットを振りかけます。

b) 魚が茶色くなるまで焼きます。削除する。

c) 残りのレモン汁、シェリー酒、醤油、パセリと卵黄を合わせてよく混ぜます。部分的に調理された魚にスプーンでかけます。ソースが泡立ち始めるまでブロイラーに戻します。

d) 一気にサーブ。

70. 魚種資源

- 植物油 大さじ2
- にんじん(中)2本、細かく刻む
- 細かく刻んだセロリ2本
- 細かく刻んだ大きなスパニッシュオニオン1個
- 1ポンドのきのこ、薄切り
- にんにく4~6片(みじん切り)
- 3~5ポンドの魚のフレームとヘッド
- 1カップの新鮮なパセリ
- 月桂樹の葉6枚
- 黒こしょう$\frac{1}{4}$カップ
- 5-6 小枝タイム
- オレガノ4~5枝
- 4クォートの水
- 辛口白ワイン1カップ

a) ストックポットで油を中強火で加熱します。にんじん、セロリ、玉ねぎ、きのこ、にんにくを加えます。8〜10分間かき混ぜながら調理します。

b) その間に寒冷紗の上に魚の部位を山盛りにし、紐で縛る。パセリ、月桂樹の葉、コショウの実、タイム、オレガノをもう一方のチーズクロスの上に置きます。ひもで結ぶ。

c) 水、ワイン、チーズクロスのパケットをストックポットに追加します。沸騰したら弱火にし、弱火で蓋をせずに45分煮る。

d) チーズクロスのパケットを液体から取り出し、絞って乾かし、廃棄します。残りの液体をザルで漉し、約45分間冷却します。

71. ルイユと古典的な魚のスープ

- ルイユ

- ミックスフィッシュ 900g
- オリーブオイル 85ml
- タマネギ、セロリ、ニラ、フェンネル 各75g
- スライスしたにんにく 3片
- ½ オレンジとオレンジの皮のジュース
- 刻んだトマトの缶詰 200g (7 オンス)
- 赤ピーマン 1個 (種を取り、薄切り)
- ローリエ 1枚
- タイムの小枝
- サフランストランドのピンチ
- むき海老 100g (4oz)
- カイエンペッパーのピンチ
- 1.2 リットル (2 パイント) の上質な魚の出汁

- 細かくすりおろしたパルメザンチーズ 25g (1オンス)

    a) 大きめの鍋にオリーブオイルを熱し、野菜とにんにくを加えて、20分ほど、または色づくまで柔らかくなるまで炒めます。オレンジの皮、トマト、赤ピーマン、月桂樹の葉、タイム、サフラン、エビ、カイエンペッパー、魚のフィレを加えます。フィッシュストックとオレンジジュースを加えて沸騰させ、40分間煮ます。

    b) スープを液状にし、ふるいできれいな鍋に移し、柄杓の背でできるだけ多くの液体を押し出します。スープを火に戻し、カイエン、塩、こしょうで味を調えます。

    c) 温めたターリーンにスープを入れ、クルトン、パルメザンチーズ、ルイユを別々の皿に盛ります。

    d) クルトンを作るには、バゲット1枚を薄くスライスし、スライスをオリーブオイルでカリッと黄金色になるまで揚げます。キッチンペーパーで水気を切り、片面ににんにくをこすりつけます。

72. メカジキのブラジル風ソース

収量: 4人前

成分

- 2ポンドのメカジキステーキ
- バイユーブラスト 大さじ1
- オリーブオイル 大さじ1
- ブラジリアンソース
- $\frac{1}{4}$カップのみじん切りネギ; 飾り用

a) メカジキステーキの両面にバイユーブラストをふりかけ、手でこする。

b) 強火で大きなフライパンで油を熱します。メカジキを加えて、ミディアムレアになるまで片面約3分ずつ焼きます。

c) サーブするには、温めたディナープレートにメカジキを並べ、ブラジルのソースをのせ、ネギを振りかけます.

73. コラードグリーンに包まれたナマズ

- ゆでたコラードの葉 8 枚
- さいの目に切ったトマト 1 個
- 種を取り、スライスしたカラマタ オリーブ 1 カップ
- 細かく刻んだねぎ 6 個
- にんにく 4~6 片 (みじん切り)
- オリーブオイル 大さじ 1
- 塩と挽きたての黒胡椒
- ナマズの切り身 4 枚、各 8 オンス
- 飾り用レモンのくし切り
- 炊き込み玄米

a) グリルを予熱します。
b) コラードの葉を 4 枚、作業面に置きます。トマトの半分、オリーブ、ねぎ、にんにく、油、塩、こしょうをそれぞれの葉にふりかけます。
c) 各葉の上に 1 つのフィレットを配置します。残りの材料 (必要に応じて塩とコショウを追加) を全体に振りかけます。
d) 残りの 4 つのグリーンで各アセンブリを上に置き、つまようじでしっかりと固定します。
e) 油を塗った穴あきピザ型に入れ、グリルの上に置き、蓋を下ろします。グリルで 6 ~ 7 分。ヘラで軽くひっくり返し、さらに 4 ~ 5 分焼き色がつくまで焼く。
f) 4 つのプレートのそれぞれに 1 つのポケットを配置します。レモンのくさびを飾る前に、つまようじを取り除きます。玄米を添えて。

74. マンボウディジョン

- マヨネーズ $\frac{1}{4}$ カップ
- スパイシーイエローマスタード 大さじ 2
- レモン汁 1/2 個分 (大さじ $1\frac{1}{2}$ 程度)
- $\frac{1}{4}$ カップのコーンミール
- 小さじ 1 杯の細かく刻んだ新鮮なタラゴン
- 粗びき黒こしょう 大さじ 1
- マンボウの切り身 2 ～ 3 ポンド

a) グリルを予熱します。

b) 大きなボウルにマヨネーズ、マスタード、レモン汁、コーンミール、タラゴン、胡椒を混ぜます。

c) 完全にコーティングされるまで、フィレを混合物に浸します。

d) フィレをグリルに置き、可能であれば中火に下げます。蓋をして6~8分煮る。ひっくり返して、コーンミールが少し焦げ目がつくまで、さらに4~5分加熱します。すぐにサーブします。

75. バタフライトラウトのグリル

- ピーナッツオイル 大さじ3
- しいたけの薄切り1カップ
- 細かく刻んだにんにく6~8片
- セラーノチリ1~2個(種を取り、背わたを除く)
- 白菜の千切り1カップ
- にんじん1本(皮をむいて千切りにする)
- $\frac{1}{2}$カップのフィッシュストックまたはチキンストック
- 減塩醤油$\frac{1}{4}$カップ
- レモン汁1個分(大さじ3くらい)
- バタフライトラウト1匹(2ポンド)
- 小さじ1杯の新鮮なオレガノ
- 塩 小さじ1
- 挽きたての黒コショウ小さじ1
- 炊き込みご飯

a) 大きなフライパンまたは中華鍋に大さじ 2 杯の油を中火から強火で熱します。きのこ、にんにく、チリを 3～4 分間炒めます。キャベツとにんじんを加え、野菜に火が通るまでさらに 4～5 分炒めます。

b) ストックを注ぎ、3 分の 1、約 5 分減らします。しょうゆを加えてかき混ぜ、弱火にして保温する。

c) 残りの大さじ 1 杯の油とレモン汁をチョウチョウウオの上にかけ、オレガノと塩とコショウで味付けします．

d) 味付けした魚を金網のバスケットに固定します。バスケットをグリルの上に置き、4～5 分間調理します。ひっくり返して 5 分長く、または肉が不透明になるまで調理します。

e) バスケットから魚を取り出します。それを 2 人前に分け、その上に温かいソースをスプーンでかけます．すぐに白米と一緒にお召し上がりください。

76. スチールヘッドトラウトの赤ワインソース

- オリーブオイル 大さじ2
- 細かく刻んだセロリの小さな茎1本
- ねぎ小1本(白い部分のみ)
- ピーマン1個(種を除く)
- 1/2ポンドのキノコ
- ボジョレーまたはその他のボリュームのある赤ワイン1カップ
- 新鮮なオレガノ 大さじ6(細かく刻んだもの)
- トマトペースト 小さじ1
- スチールヘッドトラウト1尾
- 生クリーム1カップ
- 塩・こしょう 小さじ1

a) ローストパンまたは大きなフライパンに油を中火で熱し、セロリ、ネギ、ピーマン、マッシュルームを加えます。約 15 分間かき混ぜて煮ます。

b) ワイン、オレガノ大さじ 2、タイム大さじ 2、トマトペーストを加える。半分に減らして、10～12 分。火から下ろし、蓋をして脇に置きます。

c) 刷毛または料理用スプレーを使って、マスに油を均一に塗り、油を塗ったグリルの上に置きます。蓋をして片面 8～10 分ずつ焼きます。

d) その間に赤ワインソースをバーナーに戻し、中火にかけます。生クリームを加え、焦げないようによくかき混ぜます。液体を約 3 分の 1 に減らします。これには 15 分ほどかかります。

e) 魚を赤ワインソースの鍋に移し、マスにソースをまぶします。ふたをして弱火で約 5 分、全体に火が通るまで煮る。残りのオレガノとタイム、塩とコショウを上にふりかけ、サービングプラッターに移します．

f) 魚の骨を取り除き、皿に分けます。くし切りレモンを添えて。

77. マスの燻製 マスタードソース添え

- 1〜2ポンドのレイクトラウトの切り身
- オリーブオイル 大さじ1
- 中玉ねぎ1個、粗みじん切り
- さいの目に切った小さなトマト1/2個
- ガエタまたはカラマタ オリーブ 1/2 カップ（種を取り、半分に切る）
- ½カップ辛口白ワイン
- みじん切りにした新鮮なタイム 1/4 カップ
- ディジョンマスタード 大さじ2
- 細かく刻んだ新鮮なオレガノ小さじ1
- 挽きたての黒コショウ小さじ1
- くさびレモン

a) スモークグリル用のグリルを用意。

b) スモーカーの冷たい側にフィレを置きます。ふたを閉めて、約 45 分間燻します。向きを変えて、45 分以上、または肉が触って固くなるまで喫煙を続けます。

c) 火を止めてグリルの一番上の保温棚に切り身を置き、ふたを閉めます。

d) ソースを作るには、油の中で、タマネギ、トマト、オリーブを蓋をしない大きな鍋で中火で 4 〜 5 分間炒めます。混ぜる。

e) ワイン、タイム、マスタード、オレガノ、コショウをゆっくりと加えます。蓋をせずに、4〜5 分間、または半分になるまでかき混ぜて煮ます。

f) マスを 4 つに分けます。温かいお皿に並べ、ソースをスプーンで添えます。くし切りレモンを添えて。

78. スズキのグリル ブラッド オレンジ添え

- 2ポンドパーチフィレ(サイズに応じて4〜8フィレ)
- オレンジジュース 1/2個分(大さじ4くらい)
- ピュアメープルシロップ 大さじ1
- 海塩 小さじ 1/2
- 飾り用ネギのみじん切り
- ブラッドオレンジサラダ
- 調理されたブルガーまたはハトムギ

a) フィレ、オレンジ ジュース、メープル シロップ、塩を容器に入れます。カバーして 30 分間冷蔵します。

b) グリルを予熱します。

c) フィレを容器から取り出し、軽くたたいて乾かし、油を塗ったグリルの上に置きます。3〜4 分間調理します。ひっくり返してさらに 4 分間、またはフィレが触って固くなるまで調理します。

d) ねぎを飾ります。すぐにブラッド オレンジ サラダとブルガーを添えてください。

79. スケトウダラとぶどうのグリル

- スケトウダラの切り身 1½ ~ 2 ポンド
- 毛むくじゃらのたてがみ 2½ カップ
- ½ カップの冷凍白ぶどうジュース
- オレンジ風味のリキュール ½ カップ
- 無塩バター 大さじ 4
- 半分にスライスしたグローブ グレープ 1 カップ
- 挽きたての黒コショウ 大さじ 2
- オレンジの皮 1 個

a) グリルとフィレの皮側に油を塗ります。フィレを4~5分間調理します。ひっくり返して、3~4分長く、または肉が触って固くなるまで調理します。保温棚に移して保温。

b) その間、ソースを作るために、マッシュルームが柔らかくなるまで、非反応性の鍋でバターでマッシュルームをソテーします。ぶどうジュースとリキュールを加えます。中火に上げて、5~6分、または水分が3分の1程度になるまで煮詰めます。

c) ぶどうとコショウと皮の$\frac{1}{2}$を加えて、1~2分間トスします。

d) スケトウダラを4つに分けます。ソースを4枚のお皿に盛り、その上に切り身をのせます。

e) 残りのオレンジの皮を飾り、すぐにお召し上がりください。

80. スケトウダラハッシュブラウン

- スケトウダラの切り身 1 ポンド
- 皮をむいて千切りにしたユーコン ポテト (中) 2 個
- 細かく刻んだ赤玉ねぎ 1/2 カップ
- 生クリーム $\frac{1}{4}$ カップ
- 中力粉 大さじ 2
- ディジョンマスタード 大さじ 2
- すりおろしたパルメザンチーズ 大さじ 2
- キャノーラ油 小さじ 1
- 無塩バター 大さじ 4

a) グリルを予熱します。

b) フィレの片面を 4 ~ 5 分間、しっかりと不透明になるまで焼きます。冷ましてからフィレをフレーク状にし、取っておきます。

c) フレーク状のフィレ、ジャガイモ、タマネギ、クリーム、小麦粉、マスタード、パルメザンチーズを大きなミキシング ボウルでゆっくりと混ぜます。

d) まな板の上で、バラバラにならないように注意しながら、塊を大きなパティに形作ります。特大のパンケーキに似ているはずです。

e) 大きめのフライパンに油と大さじ 2 杯のバターを中火で熱します。2 本のへらを使用して、パティを慎重にフライパンに入れます。約 10 分間、茶色になるまで中火でソテーします。

f) パティをそっと裏返し、残りのバターを点在させる。10 分以上、またはじゃがいもが完全に焦げ目がつくまで炒めます。

g) 4 等分に切り、熱いうちにお召し上がりください。

81. アンコウのピーナッツマリネ

- 無糖ココナッツミルク 1 缶 (14 オンス)
- カリカリピーナッツバター 大さじ 3
- 濃口醤油 大さじ 3 (アジア市場や一部のスーパーマーケットのアジアコーナーにあります)
- アンコウの腰肉 1½ ポンド
- 植物油 小さじ 1
- 細かく刻んだにんにく 4~5 片
- 細かく刻んだ生姜 大さじ 2
- ½ カップのアップルサイダー
- 細かく刻んだ大ネギ 4~6 個

a) 非反応性容器で、ココナッツ ミルク、ピーナッツ バター、醤油を混ぜ合わせます。混合物にロース肉を漬け込み、蓋をして冷蔵庫で 1 ～ 2 時間マリネします。

b) マリネから腰肉を取り出し、水気を切り、取っておきます。マリネを捨てる。

c) グリルを予熱します。

d) アンコウの腰肉を油を塗った格子の上に置きます。6～8 分間グリルします。ひっくり返して、さらに 6 ～ 8 分間、またはロース肉を指で押して固くなるまで焼きます。

e) 大きな鍋に中火で油を熱します。にんにくとしょうがを 2～3 分、または柔らかくなるまで炒めます。サイダーを加え、1 分間かき混ぜてから、ねぎをふりかけます。火を止めます。

f) ロースを 4 つに分けます。それぞれにソースをスプーンでかけ、すぐに出してください。

82. アンコウ-柿ポケット

- 茹でたサボイキャベツの葉 4 枚
- ごま油 小さじ 1
- ごま 小さじ 1
- 細かく刻んだハラペーニョペッパー 小 1 個
- 中程度の赤玉ねぎ 1 個を 16 スライスに切る
- 生柿 2 個、それぞれ 8 等分に切る
- アンコウの腰肉 1 ポンド
- 砕いた黒こしょう 小さじ $\frac{1}{2}$
- ひとつまみの塩

a) キャベツの葉を平らに広げ、ごま油の半分を刷毛で塗り、ごまの半分とハラペーニョを振りかけます。

b) 玉ねぎがキャベツの葉にくっつくように、それぞれのキャベツの上に玉ねぎ2枚と柿2枚を並べます。

c) 玉ねぎと柿のスライスの上に魚を1枚のせます。残りの柿と玉ねぎをトッピング。

d) 残りの油を刷毛で塗り、残りのごまとハラペーニョを全体に散らす。こしょうと塩で味を調えます。

e) 封筒のようにキャベツの葉の側面を引っ張り、つまようじで固定します。端を引っ張り、別のつまようじで固定します。

f) スモークパンの中央にポケットをグリルに配置します。10~12分間調理します。ときどき炎を水で覆います。

g) ポケットを裏返し、さらに10分間調理します。

83. 海鮮焼きコーホー

- レモンの皮 1 個分とレモン汁 1/2 個分
- 減塩醤油 $\frac{1}{4}$ カップ
- 砕いた黒こしょう 大さじ 2 杯
- コーホーフィレ 2 ポンド
- 海鮮ソース $\frac{1}{2}$ カップ
- 飾り用チャイブのみじん切り
- 飾り用の赤ピーマンのみじん切り

a) 小さなボウルにレモンの皮とジュース、醤油、コショウの実を入れて泡だて器で混ぜます。

b) フィレの上にマリネを注ぎ、30 分間冷蔵します。

c) グリルを予熱します。

d) マリネからフィレを取り出し、水気を切り、軽くたたいて乾かします。しつけブラシで、コーホーの両側に海鮮ソースの半分を刷毛で塗ります。

e) フィレを直接火にかけ、4 分間調理します。残りのソースを刷毛で塗り、裏返します。さらに 4 分間、または手触りが少し柔らかくなるまで調理します。魚をグリルする時間は、レアの場合は短く、ウェルダンの場合は長くします。

f) 魚を 4 つの皿に分け、チャイブと赤ピーマンを添えて、すぐに出す.

84. オヒョウのココナッツミルク焼き

- オヒョウのステーキ 4 枚、厚さ 1 インチ、約 2 ポンド
- 植物油 大さじ 1
- 細かく刻んだにんにく 4〜6 片
- 生姜のみじん切り $\frac{1}{4}$ カップ
- 細かく刻んだハラペーニョ 1/4 カップ
- みじん切りにしたアンチョビの切り身 1〜2 枚
- 3/4 カップのチキンストック
- 無糖のココナッツミルク $\frac{1}{2}$ カップ
- 1/3 カップのトマトソース
- $\frac{1}{4}$ カップの濃い醤油
- 挽きたての黒コショウ
- さいの目に切ったトマト $\frac{1}{2}$ 個
- ピュアメープルシロップ 大さじ 1
- ライスヌードル 2 カップ
- ごま油 大さじ 1
- 大ねぎ 6〜8 個

- くさびレモン

a) オヒョウを油を塗った火格子で、実際に必要な時間の約4分の3の間、片面3～4分焼きます。

b) 大きな鍋または中華鍋に油を熱し、にんにく、しょうが、ハラペーニョ、アンチョビを中火で3～4分炒めます。

c) スープ、ココナッツミルク、トマトソース、醤油、黒コショウを加えて味を調えます。中火で7～8分間、または半分になるまで煮ます。さいの目に切ったトマトを加え、さらに3～4分煮る。

d) ごま油で麺が温まるまで炒める。鍋からソースの約3分の1を追加し、一緒に混ぜます。

e) 温めたオヒョウステーキを残りのソースと一緒にフライパンに置き、ステーキの上にソースをスプーンでかけ、回してコーティングします。

f) オヒョウの上にねぎをふりかけ、麺とレモンのくさびを添えます。

85. レモンシャーベット - グレーズド マヒマヒ

- 冷凍レモンシャーベット2カップ
- レモン大1個分の果汁 (大さじ 3~4) とレモン大1個分の皮 (大さじ約1)
- 2ポンドのマヒマヒフィレ、厚さ1インチ
- 飾り用の新鮮なコリアンダーのみじん切り

a) グリルを予熱します。

b) 中火から強火にかけて、4クォートの鍋または大きな鍋でシャーベットを4~5分間溶かします。

c) レモン汁と皮の半分を加えて弱火にし、3分の1に減らして8分ほど煮る。

d) 火からおろし、冷ます。

e) フィレをプレートに置き、冷やしたソースの半分をスプーンでその上に置き、完全にコーティングします。

f) ステーキをグリルに移し、4〜5分焼きます。ひっくり返して、取っておいたソースを刷毛で塗り、5分以上、または魚が触って固くなるまで調理します。

g) 残りのレモンの皮とコリアンダーを飾ります。

86. ティラピアと喫茶店の詰め物

- 小さく切ったベーグル2個
- 細かく砕いたスコーン1個
- クロワッサン1個
- 赤玉ねぎ1/4個、粗みじん切り
- 中くらいの大きさのオレンジ1個、一口大に切る
- 大きな卵4個
- 塩と挽きたての黒胡椒
- 2ポンドのティラピア
- レモン1個(4等分)

a) フードプロセッサーのボウルで、ベーグル片、スコーン片、クロワッサン片、玉ねぎ、オレンジチャンク、卵、塩コショウを10〜15秒間、または材料が完全に混ざり合うまで、またはピューレ状にならないようにパルスします。.これを2つ

または 3 つのバッチで行う必要がある場合があります。詰め物をボウルに取っておきます。

b) 4 枚のホイルを並べます。それぞれにティラピアを 1 枚置き、各フィレの上に 1/2 インチの厚さの詰め物をスプーンでのせます (それぞれ約 1/2 カップを使用します) . それぞれにレモンの四分の一を絞ります。詰め物が残っている場合は、冷凍して別の用途に使用できます。

c) 上部のホイルを一緒につまんでください。強火でグリルにホイルパケットを置きます。約 10 分間調理します。詰め物が完全に加熱されているかどうかを確認する必要がある場合があります。そうでない場合は、グリルに戻って (慎重にひっくり返して) さらに 4~5 分間焼きます。

d) グリルから取り出し、ゲストがパケットを開けて中身を取り出して、よりお祝いのプレゼンテーションをしましょう。

87. ポンパノのカレー焼き

- オリーブオイル 大さじ 1
- 中玉ねぎ 1 個、みじん切り (約 1 カップ)
- 細かく刻んだにんにく 4~5 片
- 細かく刻んだガランガル (またはショウガ) 大さじ 1
- 軽いココナッツミルク ½ カップ
- 傷をつけたレモングラス 2 本 (またはレモンの皮 2 本)
- 小さじ 1 杯のチリパウダー (またはお好みでホットソース)
- 小さじ 1 杯のカレー粉
- ターメリック 小さじ 1
- 小さじ 1/2 の挽いたシナモン
- ポンパノの切り身 1½ ポンド、厚さ約 1 インチ

- レモン汁 1/2 個分 (大さじ $1\frac{1}{2}$ 程度)
- くさびレモン

a) 大きなフライパンで油を中火から強火で加熱します。玉ねぎ、にんにく、ガランガルを 3 〜 4 分炒めます。

b) ココナッツ ミルク、レモングラス、チリ パウダー、カレー パウダー、ターメリック、シナモンを加えます。約 5 分間、または液体が 3 分の 1 になるまで調理します。熱を弱めます。

c) グリルを予熱します。

d) 油を敷いたグリルに切り身を並べ、レモン汁をふりかけ、4 〜 5 分焼きます。ひっくり返して、さらに 4 〜 5 分、または魚が手触りが固くなるまで調理します。

e) フィレをグリルから取り出し、温めたソースをスプーンでかけ、4 つに分け、すぐにレモンのくさびを添えます。

88. 青魚のトマトとバジル添え

- ブルーフィッシュの切り身 2 ポンド
- ライム 2 個分のジュースとライム 1 個分の皮
- 小さじ 2 杯の海塩
- 中型トマト 4〜5 個、角切り
- 刻んだフレッシュバジル 1 カップ
- 良質のエクストラバージン オリーブ オイル 1/4 カップ
- 挽きたてのピンクペッパーとグリーンペッパー 大さじ 1
- みじん切りにしたにんにく 3〜4 片

a) フィレを非腐食性の容器に入れ、ライム1個分（大さじ約2杯）と小さじ1杯の塩で覆います。30分間冷蔵します。

b) 残りの大さじ2杯のライムジュース、小さじ1杯の塩、トマト、バジル、オイル、コショウの実、にんにく、皮を大きなミキシングボウルで混ぜます。よくかき混ぜて脇に置きます。

c) グリルを予熱します。

d) ブルーフィッシュのフィレをマリネから取り出し、水気を切り、グリルに移します。

e) フィレを火の上に直接置き、5分間調理します。ひっくり返して5分長く、または魚が触って固くなるまで調理します。

f) フィレを温かい皿に移し、ソースをそれぞれにかけ、すぐにサーブします.

89. モレルとシャッドのグリル

- 無塩バター 大さじ 2
- 小さじ 1 杯のオリーブオイル
- モレル 2 カップ、皮をむいて薄切りにする
- 海塩 小さじ ½
- 挽きたての黒コショウ 大さじ 1
- ブランデー 大さじ 1
- 骨なしシャッドフィレ 1 枚、約 1 ポンド

a) 中型の鍋にバターを中強火で溶かします。油を加えてモレル、塩、コショウを 8～10 分 (大きい場合は 12～15 分) 、蓋をしてソテーします。

b) ふたを開け、使用する場合はブランデーを追加し、約 3 分の 1、2～3 分短縮します。火を止めますが、弱火で保温してください。

c) フィレを油を塗ったグリルに置きます。4～5 分間調理します。ひっくり返して、4～5 分長く、または魚が不透明になるまで調理します。半分に

分けて、2枚の温かい皿に移します。モレルを横にスプーンで添えます。

90. 明太子の燻製

- 新鮮な明太子の袋入り、1人あたり $\frac{1}{2}$ 〜 1 袋
- くさびレモン

a) スモークグリル用のグリルを用意。

b) ラックと卵嚢の下側にクッキング スプレーをたっぷりスプレーします。グリルの冷たい側にある重く油を塗った 12 インチのアルミニウム製の正方形に袋を置きます．蓋を閉めたまま 1 時間半燻製。

c) スパチュラで慎重に取り出し、レモンのくさびを添えてすぐにサーブします。

91. スモークシャッド ガスパチョ添え

- レモン汁1個分
- 2ポンドの骨なしシャッドフィレ
- 砕いた黒こしょう 大さじ2杯
- 海塩 大さじ1
- トマトの煮込み1缶（14$\frac{1}{2}$オンス）
- オリーブオイル 大さじ1
- 小さじ2杯のリンゴ酢
- コリアンダー 小さじ$\frac{1}{2}$
- クミン 小さじ$\frac{1}{2}$
- 小さじ1/2のホットソース、必要に応じて追加
- 乾燥オレガノ 小さじ$\frac{1}{2}$
- キュウリ1本
- 粗く刻んだ小さなピーマン1個
- 粗みじん切りの甘い白タマネギ1個
- にんにく8片（みじん切り）

- 中くらいのトマト 1 個、粗みじん切り

a) シャッドのフィレの上に大さじ $1\frac{1}{2}$ のレモン汁を振りかけ、小さじ 1 杯の胡椒と小さじ 1/2 の塩で味付けします。

b) グリルの冷たい面で 1 時間半、またはフィレが黄金色になるが柔らかいままになるまでスモークします。取り出して、少なくとも 12 時間冷蔵します。

c) ガスパチョを作るには、残りのレモン汁、コショウの実、塩、およびトマトの煮込み、油、酢、コリアンダー、クミン、ホットソース、オレガノをフードプロセッサーのボウルで 4 ~ 5 回パルスします。

d) きゅうりの半分、ピーマンの半分、玉ねぎの半分、にんにくの半分を加えます。5~6 回パルスしてから、大きなボウルに移します。

e) トマトと残りのみじん切り野菜を加えてよく混ぜます。カバーをして冷蔵庫に移し、少なくとも 12 時間置きます。

92. 真鯛の茶葉燻製

- 乾燥紅茶葉 大さじ6
- 砕いたスターアニス 3~4個
- 細かく刻んだにんにく 4~6片
- 挽いたシナモン 大さじ2
- 減塩しょうゆ 大さじ2
- ピュアメープルシロップ 大さじ1
- 丸ごとのフエダイ1匹、$2\frac{1}{2}$~3ポンド、骨付きでバタフライ
- パパのパパイヤチャツネ
- 炊き込み玄米

a) スモークグリル用のグリルを用意。

b) 茶葉、アニス、にんにく、シナモン、醤油、メープルシロップを混ぜてペースト状にします。スパチュラで魚の身にペーストをすり込みます。

c) 火格子と鯛の皮にクッキングスプレーまたはブラシで油をさします。グリルの冷たい側に鯛を置き、蓋を閉めます。1/4 時間喫煙します。向きを変えて、1/4 時間長く、または魚が黄金色になるまで喫煙します。

d) 鯛を火からおろし、両面を 2 つに分け、すぐにパパのパパイヤチャツネと玄米を添えます。

93. ブリの燻製フェンネル

- 縦半分に切った新鮮なフェンネルの茎 ½
- ブリの切り身 2 ポンド
- くさびレモン
- ディルマスタードソース

a) スモークグリル用のグリルを用意。

b) スモークパンの中央、または 18 インチ四方の頑丈なアルミホイルの上に、約 2 カップの乾燥したトウモロコシの穀粒を置きます。とうもろこしの中心にフェンネルを入れます。ふたをして、熱源の上に直接置きます。

c) とうもろこしとフェンネルが煙を出し始めるまで、約 10 分待ちます。ブリのフィレをグリルの冷たい面、油を塗った格子の上に置きます。ふたを閉めて、1~1 時間半、または魚が少し黄金色に

なるまで燻します。ときどきふたを持ち上げて、炎を確認してください。必要に応じて水をかけてください。

d) フィレを火から下ろし、4つの部分に分け、レモンウェッジとディルマスタードソースを添えて温かいうちに提供します。

94. 燻製クチ

- ½カップのオリーブオイル
- レモン汁1個分
- 細かく刻んだオレガノ 大さじ2
- 細かく刻んだタイム 大さじ2
- 塩 小さじ1
- 挽きたての黒コショウ 大さじ1
- 2ポンドのニベの切り身
- パパのパパイヤチャツネ

a) オイル、レモン汁、オレガノ、タイム、塩、コショウを大きなミキシングボウルでかき混ぜます。

b) ニチニチソウを1ガロンの再封可能なビニール袋またはガラス製の天板に入れます。マリネ液を魚にかけ、冷蔵庫で1~2時間冷やす。

c) スモークグリル用のグリルを用意。

d) マリネからニベを取り出し、軽くたたいて乾かし、燻製器の冷たい側に置きます。ふたを閉めて約1時間燻します。グリルの温度は200~250°Fに維持する必要があります。

e) 必要に応じてコーンまたはウッドチップを補充し、魚を裏返し、1~1時間半、またはフィレが黄金色になるまで燻製します．パパのパパイヤチャツネで温かくお召し上がりください。

95. サフランとスルタナとスケート

4人前

- 皮をむいてトリミングしたスケート ウィング 2枚
- エクストラバージンオリーブオイル 100ml
- 細かく刻んだにんにく 6片
- 良質の梅トマト缶 400g×1個
- サルタナ 30g
- サフランストランドのピンチ
- 砕いた乾燥唐辛子 ひとつまみ
- 新鮮な月桂樹の葉 2枚
- グラニュー糖小さじ1
- 小さじ1杯のケッパー、水気を切り、すすいでください

a) まずはソース作り。中型のフライパンにオリーブオイルとにんにくを入れます。中火にかけ、にんにくが焼け始めたらすぐに、トマト、サルタナ、サフラン、乾燥唐辛子、月桂樹の葉、砂糖、小さじ 1/2 の塩を加えます。弱火で 30 分ほど煮込み、時々かき混ぜながらトマトを木のスプーンで潰します。月桂樹の葉を取り除き、塩、こしょうで味を調え、あら熱を取る。

b) 1.5 リットル ($2\frac{1}{2}$ パイント) の水を大きな浅い鍋で沸騰させます。塩大さじ 1 とスケートウィングを加え、火が通るまで 10 分間静かに煮ます．

c) スケートの翼を水から持ち上げてボードに置き、それぞれを 2 つまたは 3 つの部分に切ります．温めた楕円形のサービングディッシュの底に半分強のトマトソースをスプーンで入れ、その上にスケートを置きます．残りのソースをスプーンでスケートの中央に流し、ケーパーを散らしてサーブします。

96. ジョンドリーチャウダー

4人前

- ムール貝 500g (1 ポンド)
- 150ml (1/4 パイント) コーニッシュサイダー
- バター 25g
- 皮なし燻製スジ状ベーコン 100g
- 細かく刻んだ小玉ねぎ 1 個
- 薄力粉 20g
- 1 リットル (1 3/4 パイント) のフルクリームミルク
- じゃがいも 2 個
- ローリエ 1 枚
- 225g (8oz) マドウの切り身
- ダブルクリーム 120ml

- カイエンペッパーのピンチ
- 塩と挽きたての白胡椒
- みじん切りにしたパセリ 大さじ 2

a) きれいにしたムール貝とサイダーを中型の鍋に入れ、強火にかけます。ふたをして、ときどき鍋を揺すりながら、2～3 分またはちょうど開くまで調理します。

b) 別のフライパンにバターを溶かし、ベーコンを入れて軽く焼き色がつくまで炒める。玉ねぎを加え、5 分間または玉ねぎがしんなりするまでゆっくりと煮る。

c) 小麦粉を入れて混ぜ、1 分加熱する。牛乳を徐々にかき混ぜ、最後の大さじ 1 杯か 2 杯のムール貝料理酒を残して加えます。じゃがいもと月桂樹の葉、小さじ 1 杯の塩を加えて煮る。

d) ローリエを取り除き、マトウダイの切り身を加え、2～3 分間、または魚に火が通るまで煮ます。ダブルクリームをかき混ぜます。

e) 火から下ろし、ムール貝をかき混ぜます。

97. レモンソールのグージョン

4人前

- 450g (1ポンド) 皮付きレモンソールフィレ
- 100g (4oz) 新鮮な白いパン粉
- 細かくすりおろしたパルメザンチーズ 25g
- ½ 小さじカイエンペッパー
- ひまわり油、揚げ物用
- 薄力粉 50g
- 溶き卵 3個
- レモンのくさび

a) 魚の切り身を斜めに切り、幅約 2.5 cm (1インチ) の細切りにします。パン粉をすりおろしたパルメザンチーズとカイエンペッパーと混ぜて、取っておきます。揚げ物用の油を 190°C/375°F に加熱

するか、1日経過したパンの立方体が約1分で焦げ目がつくまで加熱します。天板にたっぷりのキッチンペーパーを敷きます。

b) グージョンを小麦粉、溶き卵、最後にパン粉でコーティングします。

c) 少量のグジョンを油に落とし、カリカリと黄金色になるまで約1分間揚げます．穴あきスプーンで紙を敷いたベーキングシートの上に持ち上げて水気を切り、残りの魚で繰り返します。最初に油が温度に戻っていることを確認してください。

d) グージョンを4枚の温めたお皿に盛り付け、くさび形のレモンを飾ります。お好みで、エクストラ バージン オリーブ オイルと調味料で和えた、丸ごとの葉またはハーブのミックス サラダを添えてください。

98. ハドックのエッグベネディクト

4人前

- 牛乳 300ml (1/2 パイント)
- 月桂樹の葉 3 枚
- 玉ねぎ 2 切れ
- 黒こしょう 6 粒
- ハドックの燻製フィレ 4 ピース
- 白ワインビネガー 大さじ 1
- 卵 4 個
- イングリッシュマフィン 2 個
- 上質なオランデーズソース
- 付け合わせに
- 粗く砕いた黒こしょう
- いくつかの新鮮なチャイブを切り取った

a) 浅い鍋に牛乳と水 300ml を入れて沸騰させる。月桂樹の葉、タマネギ、コショウの実、燻製したハドックの部分を加え、弱火に戻し、4 分間ポーチします。ハドックを皿に持ち上げ、皮をむいて保温します。

b) 中型の鍋に約 5cm の水を沸騰させ、酢を加えて弱火で弱火にします。卵を一度に 1 つずつフライパンに割り入れ、3 分間ポーチします。その間にマフィンを半分にスライスし、軽く焼き色がつくまでトーストします。ポーチドエッグを穴あきスプーンで取り出し、キッチンペーパーの上で軽く水気を切る。

c) サーブするには、半分に切ったマフィンを 4 つの温めたお皿にのせ、その上にハドックとポーチドエッグをのせます。オランデーズソースをスプーンでかけ、砕いた黒コショウと刻んだチャイブをふりかけます。

99. 生姜のかまぼこ

4人前

- ニジマス 3尾、切り身
- 生の根生姜 4cm片
- 太いネギ 3本、細かく刻む
- 栗きのこ 4個、細かく刻む
- 揚げ油 少々
- サラダ用
- 100g (4oz) ロケット
- 濃口しょうゆ 小さじ2
- 炒りごま油 小さじ1
- 冷水 小さじ1
- グラニュー糖 ひとつまみ

a) 鱒の切り身は皮をむき、ピンで骨をとってから、縦に細長く切ります。次に、これらのストリップを束ねて、非常に小さな断片に切ります。魚を非常に細かいペーストにしないでください。

b) ショウガ、ネギ、マッシュルーム、塩、コショウと一緒にミキシングボウルに魚を入れます。よく混ぜてから8等分し、少し濡らした手で直径7.5cmくらいの棒状に成形する。

c) 軽く油をひいた焦げ付き防止のフライパンを中火で熱します。かまぼこを加えて、きつね色になり中まで火が通るまで、片面約1分半ずつ炒めます。温めておいたお皿に乗せ、ロケットの一部を横に並べます。残りのサラダの材料を一緒に泡立ててドレッシングを作り、ロケットに少しかけ、プレートの外側の端に少しかけます。

100. オヒョウのフィレをクラストでロースト

収量: 4人前

成分

- オヒョウの切り身 1.5 ポンド・4つに切る
- 塩; 味わう
- 挽きたての黒コショウ; 味わう
- 1カップ 新鮮な白パン粉
- パセリの葉 1カップ
- 2 にんにく
- オリーブオイル 大さじ 2

- チキンスープ1カップ

- 1赤唐辛子

- レンズ豆2カップ

a) オーブンを425度に予熱します。オヒョウに塩、こしょうで下味をつける。フードプロセッサーに、パン粉、パセリ、にんにくを加え、細かく混ぜ合わせる。魚をフライパンに並べ、上下にオリーブオイルをたらす。魚の上にパン粉の混合物を厚く広げます。

b) 魚を8～10分間ローストします。魚がローストしたら、スープと赤唐辛子の部分をソースパンに入れ、沸騰させます。コショウが柔らかくなるまで、約15分間弱火で煮ます。塩こしょうで味を調えます。火からおろし、5分間冷まします。ブレンダーに注ぎ、赤唐辛子ソースを滑らかになるまで3分間ピューレ状にします。取り出して目の細かいストレーナーに通す。

c) 温めたレンズ豆の上に魚を盛り付け、赤唐辛子ソースをかけます。

結論

この料理の旅に付き合ってくれてありがとう！

南米料理には、おいしい驚きがたくさんあります。ヨーロッパ、ネイティブ、そしてアフリカの背景を持つブラジルの魚介類は、本当にユニークな体験です。完璧なビーチ、熱帯雨林、野生のリオのカーニバル、そして良い生活の感覚を持つこの国は、常に世界中の人々を魅了してきました。

www.ingramcontent.com/pod-product-compliance
Lightning Source LLC
Chambersburg PA
CBHW050356120526
44590CB00015B/1709